L'art de la pâtisserie française

100 recettes et techniques pour la tradition culinaire française

Alban Jean

Matériel protégé par le droit d'auteur ©2024

Tous droits réservés

Aucune partie de ce livre ne peut être utilisée ou transmise sous quelque forme ou par quelque moyen que ce soit sans le consentement écrit approprié de l'éditeur et du propriétaire des droits d'auteur, à l'exception de brèves citations utilisées dans une critique. Ce livre ne doit pas être considéré comme un substitut à un avis médical, juridique ou autre conseil professionnel.

TABLE DES MATIÈRES

TABLE DES MATIÈRES..3
INTRODUCTION..8
PETIT-DÉJEUNER..9
1. CRÊPES SUZETTE..10
2. OEUFS MOULÉS/ ŒUFS MOLLETS...12
3. CRÊPES FOURRÉES ET FLAMBÉES..14
4. ŒUFS FROISSÉS/ŒUFS SUR LE PLAT....................................16
5. OMELETTE AUX CHAMPIGNONS GRATINÉE AVEC SAUCE AU FROMAGE...18
6. ŒUFS EN PÖLYE..21
7. ŒUFS CUITS DANS DES RAMEQUINS/ŒUFS EN COCOTTE À LA CRÈME...23
8. CRÊPES ROULÉES ET FARCIES..25
9. GÂTEAU DE CRÊPES À LA FLORENTINE................................28
10. GÂTEAU DE CRÊPES À LA NORMANDE...............................31
11. CRÊPES DE POMMES DE TERRE / CRÊPES DE POMMES DE TERRE..33
12. CRÊPES À LA CRÈME DE BANANE......................................36
13. CRÊPES AUX CERISES...38
14. CRÊPES KUMQUAT-NOIX DE PÉCAN..................................40
15. CRÊPES AUX FRUITS TROPICAUX.......................................43
16. CRÊPES AU CITRON...45
17. CRÊPES À LA SAUCE AUX FRUITS DU CHABLIS..................48
18. CRÊPES AMBROSIA _..51

19. CRÊPES AUX PETITS FRUITS ET SAUCE À L'ORANGE..................53
20. CROISSANTS DE BASE..................55
21. CROISSANTS CLASSIQUES..................60
22. CROISSANTS AU PAIN DE PLUMES..................63
23. CROISSANTS DU GRENIER..................67
24. CROISSANTS AUX PÉPITES DE CHOCOLAT..................70
25. CROISSANTS ÉCLAIRS À LA BANANE..................73
26. CHOCOLAT NOIR MALTÉ POUDING AU PAIN CROISSANT..........75
27. CHOCOLAT AMANDE CROISSANTS ÉCLAIRS..................77
28. ENROBÉ DE CHOCOLAT CROISSANTS AUX FRAISES..................80
PLAT PRINCIPAL..................82
29. SUPRÊMES DE VOLAILLE À BLANC..................83
30. RISOTTO..................86
31. HARICOTS VERTS AU MAÎTRE D'HÔTEL..................89
32. TERRINE DE PORC, VEAU, ET JAMBON..................92
33. ÉPINARDS AU JUS; ÉPINARDS À LA CRÈME..................97
34. ÉTUVÉES AU BEURRE..................100
35. CHAMPIGNONS FARCIS / CHAMPIGNONS FARCIS..................102
36. ESCALOPES DE VEAU SAUTÉES À L'ESTRAGON..................105
37. ESCALOPE DE VEAU GRATINÉES..................108
38. FOIES DE VOLAILLE SAUTÉS, MADÈRE..................111
39. TIMBALE DE FOIES DE VOLAILLE / CHICKEN-LIVER MOLD........114
40. CANARD À L'ORANGE / CANARD RÔTI À LA SAUCE À L'ORANGE 117
41. CANARD À LA MONTMORENCY..................122
42. HOMARD À L'AMÉRICAINE..................125

43. POTÉE NORMANDE : POT-AU-FEU 129

44. FILETS DE POISSON EN SOUFFLÉ 133

45. CASSOULET 136

46. COULIBIAC DE SAUMON EN CROÛTE 141

47. VEAU SYLVIE 146

48. FILETS DE SOLE SYLVESTRE 151

49. RIZ ETUVÉ AU BEURRE 155

50. RISOTTO À LA PIÉMONTAISE 158

51. SAUTÉ DE VEAU (OU DE PORC) AUX CHAMPIGNONS 160

52. BOUILLABAISSE À LA MARSEILLAISE / CHAUDRÉE DE POISSON MÉDITERRANÉENNE 163

53. SALPICÓN DE VOLAILLE 167

54. POULET GRILLÉ AU NATUREL / POULET GRILLÉ NATURE 169

55. POULET GRILLÉ À LA DIABLE 172

56. POIS FRAIS EN BRAISAGE / POIS BRAISÉS AVEC LAITUE 174

57. POTAGE CRÈME DE CRESSON / VELOUTÉ DE CRESSON 176

58. NAVARIN PRINTANIER / RAGOÛT D'AGNEAU AUX CAROTTES . 179

59. OIE BRAISÉE AUX PRUNEAUX / OIE BRAISÉE FARCIE AUX PRUNEAUX 184

60. ROGNONS DE VEAU EN CASSEROLE / ROGNONS AU BEURRE .. 188

61. ROGNONS DE VEAU FLAMBÉS / ROGNONS SAUTÉS FLAMBÉS . 191

62. CARBONNADE DE BŒUF À LA PROVENÇALE 194

63. DAUBE DE BŒUF À LA PROVENÇALE 198

64. POTAGE PARMENTIER / SOUPE DE POIREAUX OU D'OIGNONS ET POMMES DE TERRE 202

65. VELOUTÉ DE VOLAILLE À LA SÉNÉGALAISE 204

SALADES ET ACCOMPAGNEMENTS 207

66. SALADE MIMOSA / SALADE AVEC VINAIGRETTE, OEUF TAMISÉ ET HERBES..................208

67. POMMES DE TERRE À L'HUILE / SALADE DE POMMES DE TERRE FRANÇAISES..................210

68. SALADE NIÇOISE..................212

69. GRATIN DAUPHINOIS / GRATIN DE POMMES DE TERRE GRATINÉES..................214

70. GRATIN DE POMMES DE TERRE ET SAUCISSON..................216

71. PURÉE DE POMMES DE TERRE À L'AIL..................218

72. CONCOMBRES PERSILLÉS, OU À LA CRÈME / CONCOMBRES À LA CRÈME..................221

73. NAVETS À LA CHAMPENOISE / CASSEROLE DE NAVETS ET OIGNONS..................223

74. ASPERGES..................226

75. ARTICHAUTS AU NATUREL / ARTICHAUTS ENTIERS BOUILLIS..228

76. RATATOUILLE..................231

77. MOUSSAKA..................234

78. LAITUES BRAISÉES _..................237

79. CHOUCROUTE BRAISÉE À L'ALSACIENNE / CHOUCROUTE BRAISÉE..................240

80. CHAMPIGNONS SAUTÉS AU BEURRE / CHAMPIGNONS SAUTÉS..................243

81. SIMILI SAUCE HOLLANDAISE (BÂTARDE)..................245

82. CREME ANGLAISE (SAUCE À LA CRÈME FRANÇAISE)..................247

83. CHAMPIGNONS À LA CRÈME..................249

84. SAUCE MOUSSELINE SABAYON..................251

DESSERTS..................253

85. PATE FEUILLETÉE / PÂTE FEUILLETÉE FRANÇAISE..................254

86. VOL-AU-VENT / GRANDE COQUILLE DE PATTY 257
87. CRÈME CHANTILLY / CRÈME LÉGÈREMENT CHANTILLY 260
88. CRÈME RENVERSÉE AU CARAMEL / CRÈME CARAMEL MOULÉ 262
89. SOUFFLÉ FLAMBOYANT / CRÈME ANGLAISE 264
90. CHARLOTTE MALAKOFF AU CHOCOLAT 266
91. POIRES AU GRATIN / POIRES AU FOUR AU VIN 271
92. TIMBALE AUX ÉPINARDS / CRÈME MOULÉE AUX ÉPINARDS 273
93. TIMBALE AU JAMBON / CRÈME DE JAMBON MOULÉ 276
94. BISCUIT AU CHOCOLAT / GÂTEAU ÉPONGE AU CHOCOLAT 279
95. CRÈME AU BEURRE À L'ANGLAISE / CUSTARD BUTTER CREAM 283
96. TARTE AUX POMMES / TARTE AUX POMMES FRANÇAISE 286
97. BISCUIT ROULÉ À L'ORANGE ET AUX AMANDES 288
98. FARCE AUX FRAISES CIO-CIO-SAN 292
99. MERINGUE ITALIENNE 295
100. CRÈME AU BEURRE À LA MERINGUE / MERINGUE BUTTER CREAM 298
CONCLUSION 302

INTRODUCTION

La boulangerie française est réputée dans le monde entier pour ses saveurs délicates, ses techniques complexes et son riche patrimoine culturel. Des croissants au beurre des cafés parisiens aux élégants macarons de Ladurée, les pâtisseries françaises évoquent un sentiment de gourmandise et de sophistication. Dans cette exploration de la pâtisserie française, nous plongeons dans l'histoire, les méthodes et les ingrédients qui en font une tradition culinaire précieuse. Que vous soyez boulanger chevronné ou débutant, rejoignez-nous pour un voyage à travers le monde alléchant de la pâtisserie française.

PETIT-DÉJEUNER

1. Crêpes Suzette

INGRÉDIENTS:

- 3 tasses de beurre d'orange
- Un réchaud
- 18 crêpes cuites de 5 à 6 pouces de diamètre
- 2 cuillères à soupe de sucre cristallisé
- ⅓ tasse chacun de liqueur d'orange et de cognac

INSTRUCTIONS:

a) Faites chauffer le beurre d'orange dans un réchaud jusqu'à ce qu'il bouillonne et que le mélange soit légèrement caramélisé – cela prendra plusieurs minutes.
b) Trempez les deux côtés d'une crêpe dans le beurre chaud, pliez la crêpe en deux sur son meilleur côté, puis à nouveau en deux pour former un coin.
c) Disposer sur le côté du plat et répéter rapidement avec le reste des crêpes.
d) Saupoudrez 2 cuillères à soupe de sucre sur les crêpes et versez sur les liqueurs. Secouez doucement la poêle pendant que les liqueurs chauffent, et si elles ne s'enflamment pas automatiquement, enflammez-les avec une allumette.
e) Versez la liqueur sur les crêpes jusqu'à ce que les flammes s'éteignent. Servir sur des assiettes très chaudes.

2. Oeufs Moulés/ Œufs Mollets

INGRÉDIENTS:
- 4 œufs
- Sel
- Poivre
- Toasts ou pain, pour servir

INSTRUCTIONS:
a) Remplissez une casserole de taille moyenne avec de l'eau et portez-la à ébullition à feu vif.
b) Plongez délicatement les œufs dans l'eau bouillante à l'aide d'une écumoire.
c) Réduisez le feu à moyen-doux et laissez mijoter les œufs pendant exactement 6 minutes pour un jaune tendre et coulant, ou 7 minutes pour un jaune légèrement plus ferme.
d) Pendant que les œufs cuisent, préparez un bol d'eau glacée.
e) Après le temps de cuisson souhaité, transférez délicatement les œufs de la casserole dans le bol d'eau glacée à l'aide de l'écumoire.
f) Laissez les œufs reposer dans l'eau glacée pendant environ 2 minutes pour refroidir et arrêter la cuisson.
g) Une fois refroidis, tapotez délicatement les œufs sur une surface dure pour casser les coquilles, puis décollez les coquilles.
h) Saupoudrer les œufs écalés de sel et de poivre au goût.
i) Servir les Œufs Mollets immédiatement avec du pain grillé ou du pain en accompagnement pour tremper.

3. Crêpes Fourrées Et Flambées

INGRÉDIENTS :
- ½ tasse d'amandes blanchies pulvérisées (vous pouvez utiliser un mixeur électrique pour cela)
- ¼ cuillère à café d'extrait d'amande
- 1 tasse de beurre d'orange (recette précédente)
- 18 crêpes cuites de 5 à 6 pouces de diamètre
- Un plat de service légèrement beurré
- 3 cuillères à soupe de sucre cristallisé
- ⅓ tasse chacun de liqueur d'orange et de cognac réchauffés dans une petite casserole

INSTRUCTIONS :
a) Battre les amandes et l'extrait d'amande dans le beurre d'orange.

b) Étalez une cuillerée de ce mélange sur le tiers inférieur de chaque crêpe, roulez-la en cylindres et disposez-la dans un plat à four légèrement beurré.

c) Couvrir et réfrigérer jusqu'au moment de servir. Environ 15 minutes avant de servir, saupoudrer de sucre et cuire au four dans le tiers supérieur d'un four préchauffé à 350 à 375 degrés jusqu'à ce que la garniture au sucre commence à caraméliser légèrement.

d) Juste avant de servir, versez la liqueur tiède et portez à table.

e) Allumez avec une allumette et versez la liqueur sur les crêpes jusqu'à ce que les flammes s'éteignent.

4. Œufs froissés/Œufs sur le plat

INGRÉDIENTS:
- ½ cuillère à soupe de beurre
- 1 ou 2 œufs
- Sel et poivre

INSTRUCTIONS:
a) Choisissez un plat de cuisson et de service ignifuge peu profond d'environ 4 pouces de diamètre.

b) Placez le plat sur feu modéré ou dans une casserole d'eau frémissante. Ajouter le beurre; dès qu'il est fondu, cassez-y 1 ou 2 œufs.

c) Lorsque le fond de l'œuf a coagulé dans le plat, retirez du feu, inclinez le plat et arrosez le dessus de l'œuf avec le beurre contenu dans le plat.

d) Placer sur une plaque à pâtisserie et une minute avant de servir, placer de manière à ce que la surface de l'œuf soit à environ 1 pouce de l'élément du gril chauffé au rouge. Faites glisser le plat toutes les quelques secondes, inclinez-le et arrosez le dessus de l'œuf avec le beurre contenu dans le plat.

e) En moins d'une minute, le blanc sera pris, et le jaune filmé et luisant.

f) Retirer du four, assaisonner de sel et de poivre et servir immédiatement.

5. Omelette aux Champignons Gratinée avec Sauce au Fromage

INGRÉDIENTS:

- 1 tasse de sauce à la crème
- $\frac{1}{2}$ tasse de fromage suisse râpé grossièrement
- $\frac{1}{2}$ livre. champignons émincés, préalablement sautés au beurre
- Une casserole
- 3 oeufs
- Sel et poivre
- $1\frac{1}{2}$ cuillère à soupe de beurre
- Une poêle à omelette ou une poêle antiadhésive de 7 pouces de diamètre au fond
- Un bol à mélanger et une fourchette de table
- Une assiette de service chaude et ignifuge

INSTRUCTIONS:

a) Dans la sauce à la crème, mélangez tout sauf 2 cuillères à soupe de fromage râpé. Mettez la moitié des champignons dans une casserole, incorporez un tiers de la sauce et faites chauffer juste avant de réaliser votre omelette.

b) Lorsque vous êtes prêt à faire l'omelette, battez les œufs, une grosse pincée de sel et une pincée de poivre dans un bol à mélanger avec une fourchette jusqu'à ce que les jaunes et les blancs soient mélangés (20 à 30 secondes). Placez une cuillère à soupe de beurre dans la poêle ou la poêle à omelette, faites chauffer à feu vif et, à mesure que le beurre fond, inclinez la poêle dans toutes les directions pour en recouvrir le fond et les côtés. Lorsque la mousse de beurre est presque calmée, versez les œufs.

c) Laissez les œufs reposer pendant 3 ou 4 secondes, puis saisissez la poignée de la poêle avec la main gauche et, en déplaçant rapidement la poêle d'avant en arrière sur le feu, remuez les œufs avec le plat de votre fourchette de table.

Lorsque les œufs ont coagulé en une crème anglaise très molle, en 8 secondes environ, déposez les champignons en sauce piquante au centre de l'omelette, perpendiculairement au manche de la poêle.

d) Soulevez la poignée pour éloigner la poêle de vous, retournez l'extrémité proche de l'omelette sur la garniture avec la fourchette et secouez la poêle pour faire glisser l'omelette jusqu'au bord le plus éloigné de la poêle.

e) Retournez la poêle et saisissez la poignée avec votre main droite, pouce vers le haut. Tenez une assiette de service chaude et ignifuge dans votre main gauche. Inclinez l'assiette et le moule ensemble en biais, en posant le rebord du moule sur l'assiette. Retournez rapidement le moule à omelette sur l'assiette et l'omelette se mettra en place.

f) Étalez le reste des champignons sur l'omelette, recouvrez du reste de sauce, saupoudrez des 2 cuillères à soupe de fromage réservées et parsemez du reste de beurre.

g) Passer l'omelette sous le gril chauffé au rouge pendant environ une minute, pour faire dorer délicatement le fromage.

h) Servir aussitôt, accompagné d'une salade verte, de pain français et d'un vin blanc sec ou d'un rosé.

6. Œufs En Pölye

INGRÉDIENTS :
- 2 tasses de gelée de viande au vin
- 4 moules ovales ou ronds, format ½ tasse
- 4 œufs pochés réfrigérés
- Suggestions déco :
- Feuilles d'estragon fraîches plongées dans l'eau bouillante pendant 30 secondes
- Rondes ou ovales de jambon bouilli
- Tranche de truffe ou de foie gras, ou 4 cuillères à soupe de mousse de foie

INSTRUCTIONS :
a) Versez une couche de ⅛ de pouce de gelée dans chaque moule et réfrigérez jusqu'à ce qu'elle soit prise.

b) Tremper les feuilles d'estragon, les truffes ou le jambon dans la gelée presque prise et disposer sur la gelée réfrigérée dans chaque moule ; si vous utilisez du foie gras ou de la mousse de foie, déposez une tranche ou une cuillerée dessus.

c) Couvrir d'un œuf poché réfrigéré, sa face la plus attrayante vers le bas. Remplissez les moules de gelée sirupeuse froide (si la gelée est tiède, vous délogerez le décor) ; réfrigérer pendant une heure ou plus, jusqu'à ce que le tout soit pris.

d) Démoulez un à un, en les plongeant dans l'eau chaude, en passant rapidement un couteau sur le pourtour des gelées et en renversant le moule sur une assiette en donnant un coup sec vers le bas.

7. Œufs cuits dans des ramequins/Œufs en cocotte à la crème

INGRÉDIENTS :
- ½ cuillère à café de beurre
- 2 cuillères à soupe de crème épaisse
- 1 ou 2 œufs
- Sel et poivre

INSTRUCTIONS :

a) Préchauffer le four à 375 degrés.

b) Choisissez un plat en porcelaine ou en verre ignifuge de 2½ à 3 pouces de diamètre et d'environ 1½ pouce de profondeur. Disposer dans une casserole contenant ¾ de pouce d'eau et placer sur un brûleur ; porter l'eau à ébullition.

c) Placez tout sauf un point de beurre dans le ramequin ; ajoutez une cuillère à soupe de crème et cassez le ou les œufs. Lorsque le blanc d'œuf a commencé à coaguler au fond du ramequin, ajoutez la cuillerée de crème restante, les assaisonnements et le point de beurre. Placer dans le tiers inférieur du four préchauffé et cuire au four pendant 7 à 8 minutes. Les œufs sont cuits à peine pris, mais tremblent encore légèrement.

d) Si vous souhaitez attendre un peu avant de servir, retirez du four lorsqu'il est légèrement insuffisamment cuit ; ils finiront de cuire et resteront au chaud dans l'eau pendant 10 à 15 minutes. Assaisonner de sel et de poivre avant de servir.

8. Crêpes Roulées Et Farcies

INGRÉDIENTS:
LA VIANDE DE COQUILLAGES À LA CRÈME
- 2 cuillères à soupe de beurre
- Une poêle émaillée ou antiadhésive de 8 pouces
- 3 cuillères à soupe d'échalotes ou d'oignons verts émincés
- $1\frac{1}{2}$ tasse de chair de crustacés cuite ou en conserve, coupée en dés ou râpée
- Sel et poivre
- $\frac{1}{4}$ tasse de vermouth blanc sec
- Un bol

LA SAUCE AU VIN ET AU FROMAGE
- ⅓ tasse de vermouth blanc sec
- 2 cuillères à soupe de fécule de maïs mélangée dans un petit bol avec 2 cuillères à soupe de lait
- $1\frac{1}{2}$ tasse de crème épaisse
- $\frac{1}{4}$ cuillère à café de sel
- poivre blanc
- $\frac{1}{2}$ tasse de fromage suisse râpé

ASSEMBLAGE ET CUISSON
- 12 crêpes cuites de 6 à 7 pouces de diamètre
- $\frac{1}{4}$ tasse de fromage suisse râpé
- 2 cuillères à soupe de beurre
- Un plat allant au four légèrement beurré

INSTRUCTIONS:
a) Faites chauffer le beurre dans la poêle, incorporez-y les échalotes ou les oignons verts, puis les crustacés. Mélanger et remuer à feu moyen-vif pendant 1 minute. Assaisonnez de sel et de poivre, puis ajoutez le vermouth et faites bouillir rapidement jusqu'à ce que le liquide soit presque entièrement évaporé. Grattez dans un bol.

b) Ajoutez le vermouth dans la poêle et faites bouillir rapidement jusqu'à ce qu'il soit réduit à une cuillère à soupe. Retirer du feu; incorporer le mélange de fécule de maïs, la crème et les assaisonnements. Laisser mijoter 2 minutes en remuant, puis incorporer le fromage et laisser mijoter encore une minute. Assaisonnement correct.

c) Incorporez la moitié de la sauce aux coquillages, puis déposez une grosse cuillerée du mélange de coquillages sur le tiers inférieur de chaque crêpe et roulez les crêpes en formes cylindriques. Disposez les crêpes serrées les unes contre les autres dans un plat allant au four légèrement beurré, nappez-les du reste de sauce, saupoudrez de fromage et parsemez de morceaux de beurre. Réfrigérer jusqu'à ce que vous soyez prêt à cuire. Quinze à 20 minutes avant de servir, mettre dans le tiers supérieur d'un four préchauffé à 425 degrés jusqu'à ce qu'il bouillonne et que la garniture au fromage soit légèrement dorée, ou chauffer et dorer sous un gril bas.

9. Gâteau De Crêpes à La Florentine

28

INGRÉDIENTS:
SAUCE À LA CRÈME AU FROMAGE, ÉPINARDS ET CHAMPIGNONS

- 4 cuillères à soupe de beurre
- 5 cuillères à soupe de farine
- 2¾ tasses de lait chaud
- ½ cuillère à café de sel
- Poivre et muscade
- ¼ tasse de crème épaisse
- 1 tasse de fromage suisse grossièrement râpé
- 1½ tasse d'épinards hachés cuits
- 1 tasse de fromage à la crème ou de fromage cottage
- 1 oeuf
- 1 tasse de champignons frais coupés en dés, préalablement sautés au beurre avec 2 cuillères à soupe d'échalotes ou d'oignons verts émincés

ASSEMBLAGE ET CUISSON

- 24 crêpes cuites de 6 à 7 pouces de diamètre
- Un plat allant au four légèrement beurré
- 1 cuillère à soupe de beurre

INSTRUCTIONS:

a) Pour la sauce, faire fondre le beurre, incorporer la farine et cuire doucement 2 minutes sans coloration ; retirer du feu, incorporer le lait, le sel, le poivre et la muscade au goût. Faire bouillir en remuant pendant 1 minute, puis incorporer la crème et tout sauf 2 cuillères à soupe de fromage suisse; laisser mijoter quelques instants, puis rectifier l'assaisonnement.

b) Mélangez plusieurs cuillères à soupe de sauce aux épinards et rectifiez soigneusement l'assaisonnement. Battez le fromage à la crème ou le fromage cottage avec l'œuf, les champignons et plusieurs cuillères à soupe de sauce pour obtenir une pâte épaisse ; assaisonnement correct.

c) Préchauffer le four à 375 degrés.

d) Centrer une crêpe au fond d'un plat allant au four légèrement beurré, tartiner d'épinards, recouvrir d'une crêpe, tartiner d'une couche du mélange fromage et champignons, et continuer ainsi avec le reste des crêpes et les 2 garnitures, terminer le monticule par une crêpe.

e) Versez le reste de la sauce au fromage sur le monticule, saupoudrez des 2 cuillères à soupe restantes de fromage suisse râpé et parsemez d'une cuillère à soupe de beurre.

f) Réfrigérer jusqu'à 30 à 40 minutes avant de servir, puis mettre dans le tiers supérieur du four préchauffé jusqu'à ce que la garniture au fromage bouillonne et soit légèrement dorée.

10. Gâteau De Crêpes à La Normande

INGRÉDIENTS :
- 4 à 5 tasses de pommes tranchées (environ 2 lb)
- Un grand plat allant au four à fond épais
- ⅓ tasse de sucre cristallisé
- 4 cuillères à soupe de beurre fondu
- 12 crêpes cuites de 5 à 6 pouces de diamètre
- Un plat de service légèrement beurré
- 6 à 8 macarons rassis, émiettés
- Plus de beurre fondu, de sucre et de cognac

INSTRUCTIONS :
a) Étalez les pommes dans le plat allant au four, saupoudrez de sucre et de beurre fondu et placez au milieu d'un four préchauffé à 350 degrés pendant environ 15 minutes ou jusqu'à ce que les tranches de pomme soient tendres.

b) Centrez une crêpe dans le plat à four beurré, tartinez-la d'une couche de tranches de pomme, parsemez de macarons et de quelques gouttes de beurre et de cognac si vous le souhaitez.

c) Déposez dessus une crêpe, recouvrez de pommes et continuez ainsi en terminant par une crêpe. Saupoudrer de beurre fondu et de sucre.

d) Environ 30 minutes avant de servir, cuire au milieu d'un four préchauffé à 375 degrés jusqu'à ce qu'il bouillonne. Servir tel quel ou flamber comme dans la recette précédente.

11. Crêpes De Pommes De Terre / Crêpes De Pommes De Terre

INGRÉDIENTS:

- 8 onces de fromage à la crème
- 3 cuillères à soupe de farine
- 2 oeufs
- $\frac{1}{2}$ cuillère à café de sel
- $\frac{1}{8}$ cuillère à café de poivre
- 6 onces (1$\frac{1}{2}$ tasse) de fromage suisse, coupé en dés de $\frac{1}{8}$ de pouce
- 2$\frac{1}{2}$ livres. pommes de terre « au four » (4 tasses une fois râpées)
- 3 à 4 cuillères à soupe de crème épaisse
- Une poêle à frire de 10 pouces
- Environ 1$\frac{1}{2}$ cuillère à soupe de beurre, plus si nécessaire
- Environ 1$\frac{1}{2}$ cuillère à soupe d'huile, plus si nécessaire

INSTRUCTIONS:

a) Mélangez le fromage à la crème, la farine, les œufs, le sel et le poivre dans un grand bol à mélanger avec une fourchette à mélanger. Incorporer les dés de fromage.

b) Épluchez les pommes de terre, râpez-les à travers de gros trous de râpe. Une poignée à la fois, tordez les pommes de terre en boule dans le coin d'une serviette et extrayez le plus de jus possible.

c) Incorporer le fromage et les œufs, puis incorporer suffisamment de crème pour obtenir un mélange ayant la consistance d'une salade de chou crémeuse.

d) Faites chauffer le beurre et l'huile dans une poêle, versez-y de petits ou grands tas de pâte de pommes de terre d'environ $\frac{3}{8}$ pouce d'épaisseur. Cuire à feu moyen-vif pendant 3 à 4 minutes, jusqu'à ce que des bulles apparaissent à travers la pâte.

e) Baisser légèrement le feu, retourner et cuire encore 4 à 5 minutes de l'autre côté. S'il n'est pas servi immédiatement, disposez-le en une seule couche sur une plaque à pâtisserie et laissez découvert. Croustiller pendant plusieurs minutes dans un four préchauffé à 400 degrés.
f) Servir avec des rôtis, des steaks, des œufs pochés ou au plat.

12. Crêpes à la crème de banane

INGRÉDIENTS:
- 4 bananes, usage divisé
- Conteneur de 8 onces de caramel à la crème
- Yaourt aromatisé
- ½ tasse de crème fouettée ou surgelée
- Garniture fouettée sans produits laitiers,
- Décongelé, plus un supplément pour
- Garnir
- 6 Crêpes Prêtes
- Sirop d'érable ou de chocolat

INSTRUCTIONS:
a) Placez 2 bananes dans un robot culinaire ou un mélangeur et mélangez jusqu'à consistance lisse.
b) Ajoutez le yaourt et mélangez. Incorporer la garniture fouettée.
c) Coupez les bananes restantes en pièces de monnaie. Réserver 12 tranches pour la garniture.
d) Disposer les crêpes sur chaque assiette de service : répartir le mélange de yaourt sur chaque crêpe.
e) Divisez les tranches de banane restantes et la crème fouettée ou la garniture.
f) Verser un filet de sirop sur chaque crêpe.

13. Crêpes aux cerises

INGRÉDIENTS:
- 1 tasse de crème sure
- ⅓ tasse de cassonade, bien tassée
- 1 tasse de mélange à biscuits
- 1 oeuf
- 1 tasse de lait
- 1 boîte de garniture pour tarte aux cerises
- 1 cuillère à café d'extrait d'orange

INSTRUCTIONS:
a) Mélanger la crème sure et la cassonade et réserver. Mélanger le mélange à biscuits, l'œuf et le lait.

b) Mélanger jusqu'à consistance lisse. Chauffer une poêle huilée de 6".

c) Faites frire 2 cuillères à soupe de mélange de biscuits à la fois jusqu'à ce qu'ils soient légèrement dorés, retournez-les et faites-les dorer.

d) Remplissez chaque crêpe avec une portion du mélange de crème sure. Retrousser.

e) Placez la couture vers le bas dans le plat allant au four. Verser la garniture pour tarte aux cerises sur l'ensemble.

f) Cuire au four à 350~ pendant 5 minutes. Versez l'extrait d'orange sur les crêpes et allumez pour servir.

14. Crêpes kumquat-noix de pécan

INGRÉDIENTS :

- ½ tasse de kumquat confit
- 3 gros œufs
- 1½ tasse de pacanes, coupées en dés
- ¾ tasse de sucre
- ¾ tasse de beurre, température ambiante
- 3 cuillères à soupe de Cognac
- ½ tasse de pacanes, coupées en dés
- ¼ tasse) de sucre
- ¼ tasse de beurre fondu
- ½ tasse de Cognac

INSTRUCTIONS :
POUR REMPLISSAGE :

a) Épépinez, hachez et épongez les kumquats, en réservant ⅓ tasse de sirop de kumquat.

b) Mélangez les œufs, 1½ tasse de pacanes, ¾ tasse de sucre, ¾ tasse de beurre, les kumquats et 3 cuillères à soupe de cognac dans un robot ou un mélangeur et mélangez bien en utilisant les tours marche/arrêt. Transformez dans un bol.

c) Couvrir et congeler au moins 1 heure.

POUR L'ASSEMBLAGE :

d) Beurrer généreusement deux plats allant au four de 7 x 11 pouces.

e) Réservez ⅓ tasse de garniture pour la sauce. Remplissez chaque crêpe avec environ 1 ½ à 2 cuillères à soupe de garniture. Rouler les crêpes à la mode des cigares.

f) Disposer la couture vers le bas en une seule couche dans les plats allant au four préparés.

g) Préchauffer le four à 350 degrés. Saupoudrer les crêpes du reste des pacanes et du sucre et arroser de beurre fondu.

h) Cuire au four jusqu'à ce que le mélange soit chaud, environ 15 minutes.

i) Pendant ce temps, mélangez ⅓ tasse de garniture réservée, 2 cuillères à soupe de cognac et ⅓ tasse de sirop de kumquat réservé dans une petite casserole et portez à ébullition à feu doux.

j) Faites chauffer le reste du Cognac dans une petite casserole.

k) Pour servir, disposer les crêpes sur une assiette et napper de sauce. Allumez le Cognac et versez dessus en secouant le plat jusqu'à ce que la flamme s'apaise. Sers immédiatement.

15. Crêpes aux fruits tropicaux

INGRÉDIENTS :
- 4 onces de farine ordinaire, tamisée
- 1 pincée de sel
- 1 cuillère à café de sucre en poudre
- 1 œuf et un jaune
- $\frac{1}{2}$ pinte de lait
- 2 cuillères à soupe de beurre fondu
- 4 onces de sucre
- 2 cuillères à soupe de cognac ou de rhum
- $2\frac{1}{2}$ tasses de mélange de fruits tropicaux

INSTRUCTIONS :

a) Pour réaliser la pâte à crêpes, mettez la farine, le sel et le sucre semoule dans un bol et mélangez.

b) Incorporez progressivement les œufs, le lait et le beurre. Laisser reposer au moins 2 heures.

c) Faites chauffer une poêle légèrement graissée, remuez la pâte et utilisez-la pour faire 8 crêpes. Garder au chaud.

d) Pour préparer la garniture, placez le mélange de fruits tropicaux dans une casserole avec le sucre et faites chauffer doucement jusqu'à ce que le sucre se dissolve.

e) Porter à ébullition et chauffer jusqu'à ce que le sucre caramélise. Ajoutez le cognac.

f) Garnissez chaque crêpe avec les fruits et servez aussitôt avec de la crème ou de la crème fraîche.

16. Crêpes au citron

INGRÉDIENTS:
- 1 œuf large
- ½ tasse de lait
- ¼ tasse de farine tout usage
- 1 cuillère à café de sucre
- 1 cuillère à café de zeste de citron râpé
- 1 pincée de sel
- Beurre ou huile pour poêle

SAUCE CITRON :
- 2 tasses d'eau
- 1 tasse de sucre
- 2 citrons, tranchés en fines tranches de papier, épépinés

GARNITURE À LA CRÈME :
- 1 tasse de crème épaisse, froide
- 2 cuillères à café de sucre
- 1 cuillère à café d'extrait de vanille

INSTRUCTIONS:
PÂTE À CRÊPES:
a) Fouetter légèrement l'œuf et le lait dans un bol à mélanger moyen.

b) Ajouter la farine, le sucre, le zeste de citron et le sel et fouetter jusqu'à consistance lisse.

c) Réfrigérer à couvert pendant au moins 2 heures ou toute la nuit.

SAUCE CITRON :
d) Faites chauffer l'eau et le sucre dans une casserole moyenne à fond épais jusqu'à ce que le sucre soit dissous.

e) Ajouter les tranches de citron et laisser mijoter 30 minutes. Laisser refroidir à température ambiante.

FAIRE DES CRÊPES :

f) Enduisez la poêle à crêpes d'une poêle antiadhésive de 6 pouces d'une fine couche de beurre ou d'huile.
g) Chauffer la poêle à feu moyen-vif.
h) Versez 2 cuillères à soupe de pâte à crêpes et inclinez rapidement la poêle pour bien répartir la pâte.
i) Cuire jusqu'à ce que le fond soit doré et que le bord se détache du côté de la poêle, environ 3 minutes.
j) Retourner la crêpe et cuire la deuxième face environ 1 minute.
k) Laisser refroidir sur une assiette et répéter avec le reste de la pâte pour faire 8 crêpes en tout.
l) Juste avant de servir, préparez la garniture à la crème : battez la crème, le sucre et la vanille dans le bol d'un mixeur jusqu'à formation de pics fermes.
m) Disposer 2 crêpes, face dorée vers le bas, sur chaque assiette à dessert.
n) Verser la garniture à la crème sur chaque crêpe et rouler en repliant les bords et en plaçant le joint vers le bas sur les assiettes.
o) Versez $\frac{1}{4}$ tasse de sauce au citron sur chaque portion et servez immédiatement.

17. Crêpes à la sauce aux fruits du Chablis

INGRÉDIENTS:
- 3 oeufs
- 1 tasse de lait écrémé
- 1 tasse de farine
- ⅛ cuillère à café de sel
- Aérosol de cuisson
- ½ tasse de vin de Chablis
- ¼ tasse d'eau
- ¼ tasse) de sucre
- 1 cuillère à soupe de fécule de maïs
- ¾ tasse de fraises fraîches ou surgelées
- ½ tasse de segments d'orange coupés en dés
- 1 cuillère à soupe d'eau
- Crêpes 4 Amoureux

INSTRUCTIONS:
a) Mélangez les 4 premiers ingrédients et mélangez à basse vitesse pendant environ une minute. Racler les côtés et bien mélanger jusqu'à consistance lisse.
b) Laissez reposer 30 minutes. Enduire le fond d'une omelette ou d'une poêle de 6½ pouces d'enduit à cuisson.
c) Chauffer la poêle à feu doux.
d) Versez environ 3 cuillères à soupe de pâte – inclinez et retournez le moule pour répartir la pâte uniformément.
e) Cuire jusqu'à ce que le fond soit légèrement doré - retourner et faire dorer l'autre côté.
f) Pour conserver les crêpes séparées avec du papier ciré, congeler ou réfrigérer.

SAUCE AUX FRUITS CHABLIS :
g) Dans une petite casserole, mélanger les 3 premiers ingrédients - porter à ébullition - laisser mijoter 5 minutes.

h) Mélanger la fécule de maïs et 1 cuillère à soupe d'eau jusqu'à consistance lisse.

i) Incorporer au mélange de vin et laisser mijoter pendant plusieurs minutes jusqu'à épaississement, en remuant de temps en temps.

j) Ajouter les fruits et chauffer jusqu'à ce que les fruits soient chauds. Remplissez les crêpes, repliez-les et versez un supplément de sauce dessus.

18. Crêpes Ambrosia

INGRÉDIENTS :
- 4 crêpes
- Boîte de 16 onces de cocktail de fruits
- 1 boîte de garniture pour dessert glacé - décongelée
- 1 petite banane mûre tranchée
- ½ tasse de guimauves miniatures
- ⅓ tasse de noix de coco râpée

INSTRUCTIONS :
a) Garnir de garniture supplémentaire et de fruits.
b) Pour congeler les crêpes, empilez-les avec du papier ciré entre les deux.
c) Envelopper dans du papier d'aluminium épais ou du papier pour congélateur.
d) Chauffer au four à 350° pendant 10-15 minutes.

19. Crêpes aux petits fruits et sauce à l'orange

INGRÉDIENTS:
- 1 tasse de bleuets frais
- 1 tasse de fraises tranchées
- 1 cuillère à soupe de sucre
- Trois paquets de 3 onces de fromage à la crème ramolli
- ¼ tasse de miel
- ¾ tasse de jus d'orange
- 8 crêpes

INSTRUCTIONS:
a) Mélanger les myrtilles, les fraises et le sucre dans un petit bol et réserver.
b) Pour préparer la sauce, battez le fromage à la crème et le miel jusqu'à consistance légère et incorporez lentement le jus d'orange.
c) Verser environ ½ tasse de garniture aux petits fruits au centre d'une crêpe. Verser environ 1 cuillère à soupe de sauce sur les baies. Rouler et disposer sur une assiette de service. Répéter avec le reste des crêpes.
d) Verser le reste de la sauce sur les crêpes.

20. Croissants de base

INGRÉDIENTS:

- ¾ tasse plus 1 cuillère à soupe de lait entier
- 2 cuillères à café de levure instantanée
- 2⅔ tasses de farine tout usage (ou farine T55), plus un peu pour le façonnage
- 1 cuillère à soupe plus 1½ cuillères à café (20 grammes) de sucre cristallisé
- 2 cuillères à café de sel casher
- 1 tasse de beurre non salé, à température ambiante, divisé
- 1 œuf large

INSTRUCTIONS:

a) Préparez la pâte : Dans un bol moyen, mélangez le lait et la levure, puis ajoutez la farine, le sucre, le sel et le beurre et remuez jusqu'à ce qu'une pâte hirsute se forme. Retournez la pâte sur un banc propre et pétrissez pendant 8 à 10 minutes (ou transférez-la dans un batteur sur socle et pétrissez pendant 6 à 8 minutes à basse vitesse) jusqu'à ce qu'elle soit lisse, extensible et souple.

b) Si vous pétrissez à la main, remettez la pâte dans le bol. Couvrir d'un torchon et laisser reposer 1 heure ou jusqu'à ce qu'il double de volume. (Ce timing varie en fonction de la température de votre cuisine.)

c) Retournez la pâte sur un banc propre et appuyez légèrement sur un carré de 8 pouces. Envelopper d'une pellicule plastique et réfrigérer 1 heure. C'est ce qu'on appelle le bloc de pâte.

d) Le bloc de pâte et le bloc de beurre doivent avoir une température et une consistance similaires, le refroidissement est donc essentiel.

e) Après 30 minutes de refroidissement du bloc de pâte, placez les ¾ tasse (170 grammes) de beurre restants sur un morceau de papier sulfurisé. Garnir d'une feuille supplémentaire de papier parchemin et utiliser un rouleau à pâtisserie et un grattoir en plastique pour façonner le beurre en un rectangle de 6 x 8 pouces. Faites glisser le paquet de papier sulfurisé sur une plaque à pâtisserie et transférez-le au réfrigérateur pendant 15 à 20 minutes, jusqu'à ce qu'il soit ferme mais souple. Vous devriez pouvoir plier le paquet sans qu'il ne se brise en éclats.

f) Mettez le bloc de beurre de côté sur votre banc pendant que vous façonnez la pâte. Cela garantira que la température est correcte (pas trop froide) avant l'incorporation. Saupoudrez votre banc et le dessus de la pâte de farine et roulez le bloc de pâte en un rectangle de 9 x 13 pouces. Enlevez l'excédent de farine. Déballez le beurre et retournez-le au centre de la pâte, de sorte que ses bords rejoignent presque les côtés du bloc de pâte. Pliez les parties supérieure et inférieure de la pâte sur le bloc de beurre, en les rejoignant au centre. Pincez soigneusement les coutures du centre et des extrémités pour les fermer. La température est cruciale, alors travaillez rapidement.

g) Saupoudrez votre banc de farine et faites pivoter la pâte de manière à ce que la couture centrale pointe vers vous. Abaisser la pâte en effectuant un mouvement de va-et-vient pour créer un rectangle de 7 x 21 pouces, en travaillant soigneusement pour qu'aucun beurre ne s'échappe de la pâte. Si du beurre transparaît, pincez la pâte autour pour couvrir et saupoudrez de farine. Enlevez l'excédent de farine avant de plier.

h) Pliez le tiers supérieur de la pâte vers le centre, puis repliez le tiers inférieur de la pâte sur le centre pour créer un pli en forme de lettre. Enlevez l'excédent de farine.

i) Enveloppez la pâte dans une pellicule plastique et placez-la au réfrigérateur pendant 30 minutes.

j) Répétez l'étape 6, en commençant par le bord plié de la pâte sur votre côté gauche, en roulant la pâte dans un rectangle de 7 x 21 pouces et en créant un pli en lettre. Enveloppez à nouveau la pâte et laissez-la au réfrigérateur pendant 45 minutes.

k) Répétez cette étape une fois de plus, puis enveloppez la pâte et placez-la au réfrigérateur pendant au moins 1 heure ou toute la nuit.

l) Façonner et cuire : Tapisser une plaque à pâtisserie de papier sulfurisé.

m) Saupoudrez votre banc de farine et roulez la pâte en un rectangle de ¼ de pouce d'épaisseur, d'environ 9 pouces sur 20 pouces.

n) Utilisez un couteau d'office pour marquer des sections de 4 pouces sur toute la longueur du côté long. Utilisez un couteau de chef pour couper le rectangle aux marques de 4 pouces, créant ainsi cinq sections de 4 x 9 pouces. Réduisez de moitié chacune de ces sections en diagonale pour créer un total de 10 triangles.

o) Étirez légèrement le bas de chaque triangle pour l'allonger un peu.

p) En commençant par le côté long, roulez les triangles pour créer une forme de croissant.

q) Lorsque vous avez presque atteint la fin du rouleau, tirez un peu sur la pointe pour l'allonger et enroulez-la autour du croissant en pinçant légèrement pour sceller. Placez chaque croissant sur la plaque à pâtisserie préparée avec les pointes vers le bas pour les empêcher de s'ouvrir pendant la levée et la cuisson. Espacez-les de quelques centimètres.

r) Couvrir le plateau d'une pellicule plastique et laisser lever à température ambiante pendant 1h30 à 2h30. (Ce timing varie en fonction de la température de votre cuisine, mais la température idéale est de 75 °F à 80 °F.) Faites lever jusqu'à ce qu'il atteigne une consistance de guimauve et une augmentation de volume. Si vous piquez la pâte, elle devrait rebondir légèrement, laissant un creux.

s) Après 1 heure de levée, préchauffer le four à 400°F.

t) Dans un petit bol, fouettez l'œuf avec un peu d'eau et badigeonnez les croissants du glaçage à l'aide d'un pinceau. Brossez-les une fois de plus pour plus de brillance.

u) Cuire au four pendant 30 à 35 minutes jusqu'à ce que les croissants soient bien dorés. Servir chaud.

21. Croissants classiques

INGRÉDIENTS :

- 4 tasses de farine tout usage
- 1/4 tasse de sucre
- 1 1/2 cuillères à café de sel
- 2 1/4 cuillères à café de levure instantanée
- 1 1/4 tasse de lait froid
- 2 cuillères à soupe de beurre non salé, ramolli
- 2 1/2 bâtonnets de beurre non salé, réfrigéré et coupé en fines tranches
- 1 œuf battu avec 1 cuillère à soupe d'eau

INSTRUCTIONS :

a) Dans un grand bol, mélanger la farine, le sucre, le sel et la levure.
b) Ajoutez le lait froid et 2 cuillères à soupe de beurre ramolli et remuez jusqu'à ce qu'une pâte hirsute se forme.
c) Étalez la pâte sur une surface farinée et pétrissez pendant environ 10 minutes jusqu'à ce qu'elle soit lisse et élastique.
d) Placer la pâte dans un bol légèrement huilé, couvrir d'une pellicule plastique et réfrigérer 1 heure.
e) Sur un plan fariné, étalez les tranches de beurre refroidi en un rectangle. Pliez la pâte sur le beurre et pincez les bords ensemble.
f) Étalez la pâte et le beurre en un long rectangle. Pliez-le en trois, comme une lettre.
g) Étalez à nouveau la pâte et répétez le processus de pliage deux fois de plus. Refroidissez la pâte pendant 30 minutes.
h) Etalez une dernière fois la pâte en un grand rectangle, puis coupez-la en triangles.

i) Roulez chaque triangle en commençant par l'extrémité la plus large et formez un croissant.

j) Placer les croissants sur une plaque à pâtisserie tapissée, badigeonner de dorure à l'œuf et laisser lever 1 heure.

k) Préchauffer le four à 400°F (200°C) et cuire les croissants pendant 20-25 minutes jusqu'à ce qu'ils soient dorés.

22. Croissants au pain de plumes

INGRÉDIENTS:

- 2 cuillères à café de levure pour machine à pain
- 2¼ tasses de farine tout usage
- 2 cuillères à café de sel
- 2 cuillères à soupe de solides de lait en poudre instantanés sans gras
- 1 cuillère à soupe de sucre
- ⅞ tasse d'eau
- 4 onces de beurre non salé
- 1 œuf large; battu avec
- 1 cuillère à soupe d'eau ; pour vitrage
- 3 barres (1,45 once) de chocolat mi-sucré

INSTRUCTIONS:

a) Ajoutez la levure, la farine, le sel, les matières sèches du lait, le sucre et l'eau dans le bac de la machine à pain et placez-le dans la machine. Mélangez les ingrédients au niveau de la pâte jusqu'à ce qu'ils soient bien incorporés, sans qu'aucun ingrédient sec n'accroche aux parois du moule, environ 10 minutes sur la plupart des machines.

b) Une fois la pâte mélangée, éteignez la machine et laissez la pâte lever dans la machine jusqu'à ce qu'elle double, environ 1h30.

c) Pendant ce temps, placez le bâton de beurre entre 2 couches de pellicule plastique ou de papier ciré. Avec vos doigts, aplatissez et façonnez le beurre en un carré de 6 pouces d'environ ⅓ de pouce d'épaisseur. Réfrigérer au moins 15 minutes. Le beurre doit avoir la consistance d'un shortening végétal lorsque vous l'utilisez. Si c'est trop dur, cela déchirera la pâte ; s'il est trop mou, il coulera sur les côtés. Réchauffez-le ou refroidissez-le en conséquence.

d) Lorsque la pâte a doublé de volume, étalez-la sur un plan de travail bien fariné. Avec les mains farinées, presser la pâte en un carré de 13 pouces. Déballez le beurre refroidi et placez-le en diagonale au centre du carré de pâte. Ramenez les coins de la pâte sur le beurre pour qu'ils se rejoignent au centre (cela ressemblera à une enveloppe). Appuyez sur le centre et les bords de la pâte pour aplatir et sceller le beurre.

e) À l'aide d'un rouleau à pâtisserie légèrement fariné, étalez la pâte en un rectangle de 18 x 9 pouces. N'appuyez pas trop fort. Si vous le faites, le beurre coulera ou la pâte se déchirera (si elle se déchire, il suffit de la pincer pour la réparer). Pliez une extrémité de 9 pouces du rectangle de pâte sur le tiers central de la pâte. Pliez-le sur le tiers restant.

f) Étalez à nouveau la pâte en un rectangle de 18 x 9 pouces. Pliez-le comme avant pour former les 3 couches et placez-le dans un sac en plastique ou enveloppez-le sans serrer dans une pellicule plastique. Réfrigérez la pâte pendant 30 minutes, puis répétez le processus de laminage, de pliage et de refroidissement deux fois de plus.

g) Réfrigérez la pâte toute la nuit après le dernier pliage.

h) Pour découper et façonner les croissants, coupez la pâte en deux. Enveloppez une moitié dans du plastique et remettez-la au réfrigérateur pendant que vous travaillez avec l'autre moitié. Étalez la pâte sur une surface légèrement farinée jusqu'à obtenir un cercle de 13 pouces.

i) Coupez-le en 6 quartiers. Tirez doucement la base de chaque coin jusqu'à une largeur d'environ 6 pouces et la longueur de chaque coin jusqu'à environ 7 pouces. En partant de la base, enroulez le coin. Placez le croissant, pointe supérieure en dessous, sur une plaque à pâtisserie résistante.

j) Courbez et ramenez les points de base vers le centre pour former un croissant. Rouler et façonner tous les croissants en les plaçant à 2 pouces d'intervalle sur la plaque à pâtisserie.

k) Badigeonner légèrement les croissants avec le glaçage aux œufs. Ensuite, laissez-les lever dans un endroit chaud jusqu'à ce qu'ils soient légers et gonflés, environ 1 heure et demie. Pendant ce temps, préchauffez le four à 400F. Badigeonnez les croissants avec le glaçage aux œufs une nouvelle fois juste avant de les enfourner. Cuire au four pendant 15 minutes ou jusqu'à ce qu'ils soient dorés. Retirez les croissants de la plaque à pâtisserie et laissez-les refroidir sur une grille. Servir chaud, avec de la confiture ou votre garniture de sandwich préférée.

l) Préparez la pâte à croissant comme indiqué.

m) Après l'avoir coupé en deux, roulez chaque moitié en un rectangle de 14 x 12 pouces sur une surface légèrement farinée. Coupez chaque moitié en six rectangles de 7 x 4 pouces.

n) Séparez trois barres de 1,45 once de chocolat mi-sucré ou noir pour former 12 rectangles d'environ 3 x 1 $\frac{1}{2}$ pouces chacun. Placez un morceau de chocolat dans le sens de la longueur le long d'une extrémité courte de chaque morceau de pâte. Roulez pour enfermer complètement le chocolat et appuyez sur les bords pour sceller. Placer les croissants, joint vers le bas, sur une grande plaque à pâtisserie.

o) Procédez au glaçage et à la cuisson comme indiqué.

23. Croissants du grenier

INGRÉDIENTS:
- ¼ pinte d'eau tiède
- 7 onces de lait concentré partiellement écrémé non sucré
- 1 once de levure séchée
- 2 onces de beurre non salé ; fondu
- 1 livre de farine de grenier
- Une pincée de sel
- 3 onces de margarine de tournesol ou de soja
- Lait pour glacer

INSTRUCTIONS:
a) Mélangez l'eau avec le lait concentré, puis émiettez-le avec la levure fraîche ou incorporez la levure sèche.
b) Ajoutez le beurre. Tamisez la farine avec le sel dans un grand bol, en remettant les grains du tamis dans la farine dans le bol.
c) Frottez la margarine dans la farine jusqu'à ce que le mélange ressemble à de la chapelure.
d) Faire un puits au centre de la farine, y verser le mélange de levure et bien mélanger.
e) Déposez la pâte sur une surface légèrement farinée et pétrissez pendant 3 minutes.
f) Remettez la pâte dans le bol, couvrez d'un torchon humide et laissez lever dans un endroit tiède pendant environ 30 minutes jusqu'à ce qu'elle double de volume.
g) Si la température ambiante est froide, la levée peut être accélérée à l'aide d'un four à micro-ondes : mettez la pâte couverte au micro-ondes dans un récipient allant au micro-ondes à pleine puissance pendant 10 secondes. Laissez reposer la pâte pendant 10 minutes, puis répétez l'opération deux fois.

h) Retournez la moitié de la pâte levée sur une surface légèrement farinée et roulez-la en un cercle d'environ 5 mm ($\frac{1}{4}$ de pouce) d'épaisseur. À l'aide d'un couteau bien aiguisé, coupez la pâte en huit segments triangulaires. En partant du bord extérieur, roulez chaque segment vers le milieu. Pliez chaque morceau en croissant et placez-le sur une plaque à pâtisserie légèrement huilée.

i) Couvrir d'un torchon et laisser doubler de volume.

j) Pendant ce temps, préchauffez le four à Gas Mark 5/190C/375 F. Répétez le processus de façonnage avec l'autre moitié de la pâte.

k) Vous pouvez également laisser le reste de la pâte couvert au réfrigérateur jusqu'à 4 jours et l'utiliser lorsque des croissants frais sont nécessaires.

l) Lorsque les croissants ont doublé de volume, glacez-les avec le lait et faites cuire au four pendant 15 à 20 minutes jusqu'à ce qu'ils soient gonflés et dorés.

24. Croissants aux pépites de chocolat

INGRÉDIENTS:
- 1½ tasse de beurre ou de margarine, ramollie
- ¼ tasse de farine tout usage
- ¾ tasse de lait
- 2 cuillères à soupe de sucre
- 1 cuillère à café de sel
- ½ tasse d'eau très tiède
- 2 paquets de levure sèche active
- 3 tasses de farine non tamisée
- 12 onces de pépites de chocolat
- 1 jaune d'oeuf
- 1 cuillère à soupe de lait

INSTRUCTIONS:
a) Avec une cuillère, battre le beurre et ¼ tasse de farine jusqu'à consistance lisse. Étaler sur du papier ciré dans un rectangle 12x6. Réfrigérer. Faites chauffer ¾ tasse de lait; incorporer 2 cuillères à soupe de sucre et le sel pour dissoudre.

b) Refroidir à tiède. Saupoudrer d'eau de levure; remuer pour dissoudre. Avec une cuillère, incorporer le mélange de lait et 3 tasses de farine jusqu'à consistance lisse.

c) Allumez une toile à pâtisserie légèrement farinée; pétrir jusqu'à consistance lisse. Laisser lever, couvert, dans un endroit chaud, à l'abri des courants d'air, jusqu'à ce qu'il double - environ 1 heure. Réfrigérer ½ heure.

d) Sur une toile à pâtisserie légèrement farinée, rouler en un rectangle de 14x14.

e) Placer le mélange de beurre sur la moitié de la pâte; retirer le papier. Pliez l'autre moitié sur le beurre; pincer les bords pour sceller. Avec le pli à droite, roulez du centre jusqu'à 20x8.

f) Du côté court, pliez la pâte en trois pour former 3 couches ; sceller les bords ; réfrigérer 1 heure enveloppé dans du papier d'aluminium. Avec le pli à gauche, roulez jusqu'à 20x8 ; pli réfrigérer $\frac{1}{2}$ heure. Répéter.

g) Réfrigérer toute la nuit. Le lendemain, roulez ; plier deux fois; réfrigérer $\frac{1}{2}$ heure entre les deux. Puis réfrigérez 1 heure de plus.

h) Pour façonner : couper la pâte en 4 parties. Sur une toile à pâtisserie légèrement farinée, rouler chacun en un cercle de 12 pouces. Coupez chaque cercle en 6 quartiers.

i) Saupoudrer les quartiers de pépites de chocolat – veillez à laisser une marge de $\frac{1}{2}$ pouce tout autour et à ne pas trop remplir de pépites. Enroulez en commençant par l'extrémité large. Former un croissant. Placer la pointe vers le bas, à 2" d'intervalle, sur du papier brun sur une plaque à biscuits.

j) Couverture; laisser lever dans un endroit tiède, à l'abri des courants d'air jusqu'à ce qu'il double, 1 heure.

k) Chauffer le four à 425°. Badigeonner du mélange de jaune d'œuf battu avec 1 cuillère à soupe de lait. Cuire au four 5 minutes, puis réduire le four à 375 ; cuire au four 10 minutes de plus ou jusqu'à ce que les croissants soient gonflés et dorés.

l) Laisser refroidir sur grille pendant 10 minutes.

25. Croissants éclairs à la banane

INGRÉDIENTS:
- 4 croissants surgelés
- 2 carrés de chocolat mi-sucré
- 1 cuillère à soupe de beurre
- $\frac{1}{4}$ tasse de sucre glace tamisé
- 1 cuillère à café d'eau chaude ; jusqu'à 2
- 1 tasse de pouding à la vanille
- 2 bananes moyennes ; découpé en tranches

INSTRUCTIONS:
a) Couper les croissants surgelés en deux dans le sens de la longueur; partir ensemble. Chauffer les croissants surgelés sur une plaque à pâtisserie non graissée à 325 °F préchauffée. four 9-11 minutes.

b) Faire fondre le chocolat et le beurre ensemble. Incorporer le sucre et l'eau pour obtenir un glaçage à tartiner.

c) Étalez $\frac{1}{4}$ tasse de pudding sur chaque moitié inférieure du croissant. Garnir de tranches de bananes.

d) Remplacez le dessus des croissants ; arroser de glaçage au chocolat.

e) Servir.

26. Chocolat noir malté Pouding au pain croissant

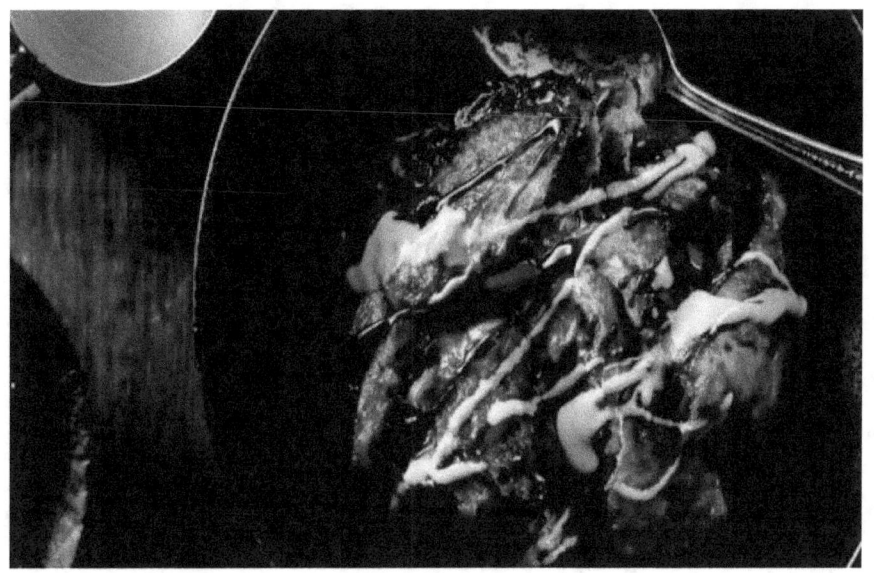

INGRÉDIENTS:
- 6 gros croissants, de préférence d'un jour
- 3 tasses de lait entier
- 1 tasse de crème épaisse
- 1/2 tasse de sucre granulé
- 4 gros œufs
- 2 cuillères à café d'extrait de vanille
- 1/4 cuillère à café de sel
- 1/2 tasse de pépites de chocolat noir
- 1/4 tasse de lait en poudre malté
- Crème fouettée, pour servir (facultatif)

INSTRUCTIONS:
a) Préchauffer le four à 350°F. Beurrer un plat allant au four de 9 x 13 pouces.

b) Coupez les croissants en bouchées et placez-les dans le plat allant au four préparé.

c) Dans un grand bol, fouetter ensemble le lait, la crème, le sucre, les œufs, l'extrait de vanille, le sel et le lait malté en poudre jusqu'à ce que le tout soit bien mélangé.

d) Versez le mélange sur les croissants en veillant à bien répartir le liquide.

e) Saupoudrer les pépites de chocolat noir sur le pouding au pain.

f) Couvrir le plat de cuisson de papier d'aluminium et cuire au four pendant 35 minutes.

g) Retirez le papier d'aluminium et poursuivez la cuisson pendant 15 à 20 minutes supplémentaires, ou jusqu'à ce que le pouding au pain soit pris et que le dessus soit doré.

h) Laissez le pouding au pain refroidir quelques minutes avant de servir. Garnir de crème fouettée, si désiré.

27. Chocolat Amande Croissants Éclairs

INGRÉDIENTS:
POUR LE PÂTE À CHOUX :
- 1/2 tasse d'eau
- 1/2 tasse de lait entier
- 1/2 tasse de beurre non salé, coupé en cubes
- 1/2 cuillère à café de sel
- 1 cuillère à café de sucre
- 1 tasse de farine tout usage
- 4 gros œufs, température ambiante

POUR LE FOURRAGE AU CHOCOLAT ET AUX AMANDES :
- 1 tasse de crème épaisse
- 1 tasse de pépites de chocolat mi-sucré
- 1/2 tasse de beurre d'amande

POUR LE GLAÇAGE AU CHOCOLAT :
- 1/2 tasse de pépites de chocolat mi-sucré
- 2 cuillères à soupe de beurre non salé
- 1 cuillère à soupe de sirop de maïs

INSTRUCTIONS:
a) Préchauffer le four à 375°F. Tapisser une plaque à pâtisserie de papier sulfurisé.

b) Dans une casserole moyenne, mélanger l'eau, le lait, le beurre, le sel et le sucre. Chauffer à feu moyen jusqu'à ce que le beurre soit fondu et que le mélange mijote.

c) Ajoutez la farine d'un seul coup et remuez vigoureusement avec une cuillère en bois jusqu'à ce que le mélange forme une boule et se détache des parois de la casserole.

d) Retirez la casserole du feu et laissez-la refroidir pendant 5 minutes.

e) Ajoutez les œufs un à un en battant bien après chaque ajout, jusqu'à ce que le mélange soit lisse et brillant.
f) Monter une poche à douille avec un gros embout rond et remplir de pâte à choux.
g) Étalez la pâte sur la plaque à pâtisserie préparée, en formant des éclairs de 6 pouces de long.
h) Cuire au four pendant 25 à 30 minutes, ou jusqu'à ce qu'ils soient dorés et gonflés.
i) Retirer du four et laisser refroidir complètement.
j) Dans une casserole moyenne, faites chauffer la crème épaisse jusqu'à ce qu'elle frémisse.
k) Retirer du feu et ajouter les pépites de chocolat et le beurre d'amande. Remuer jusqu'à ce que le chocolat soit fondu et que le mélange soit lisse.
l) Découpez une petite fente au bas de chaque éclair et déposez la garniture au centre.
m) Dans une petite casserole, faire fondre les pépites de chocolat, le beurre et le sirop de maïs à feu doux, en remuant constamment, jusqu'à consistance lisse.
n) Trempez le dessus de chaque éclair dans le glaçage au chocolat et placez-le sur une grille pour prendre.
o) Facultatif : Saupoudrer d'amandes effilées.

28. Enrobé de chocolat Croissants aux Fraises

INGRÉDIENTS :
- 6 croissants
- 1/2 tasse de confiture de fraises
- 1/2 tasse de pépites de chocolat mi-sucré
- 1 cuillère à soupe de beurre non salé
- 1/4 tasse de crème épaisse
- Fraises fraîches, tranchées (facultatif)

INSTRUCTIONS :
a) Préchauffer le four à 375°F.
b) Coupez chaque croissant en deux dans le sens de la longueur.
c) Étalez 1 à 2 cuillères à soupe de confiture de fraises sur la moitié inférieure de chaque croissant.
d) Remplacez la moitié supérieure de chaque croissant et placez-les sur une plaque à pâtisserie.
e) Cuire au four pendant 10 à 12 minutes ou jusqu'à ce que les croissants soient légèrement dorés.
f) Dans une petite casserole, faire fondre les pépites de chocolat, le beurre et la crème épaisse à feu doux en remuant constamment jusqu'à consistance lisse.
g) Sortez les croissants du four et laissez-les refroidir quelques minutes.
h) Trempez le dessus de chaque croissant dans le mélange chocolaté en laissant égoutter l'excédent.
i) Placez les croissants enrobés de chocolat sur une grille pour qu'ils refroidissent et prennent.
j) Facultatif : Garnir de tranches de fraises fraîches avant de servir.

PLAT PRINCIPAL

29. Suprêmes De Volaille à Blanc

INGRÉDIENTS:
CUISSON DES POITRINES DE POULET
- 4 suprêmes
- ½ cuillère à café de jus de citron
- ¼ cuillère à café de sel
- Une grosse pincée de poivre blanc
- 4 cuillères à soupe de beurre
- Une cocotte ignifuge lourde et couverte d'environ 10 pouces de diamètre
- Un rond de papier ciré découpé pour s'adapter à la cocotte
- Un plat de service chaud

SAUCE AU VIN ET À LA CRÈME, ET SERVICE
- ¼ tasse de bouillon blanc ou brun ou de bouillon de bœuf en conserve
- ¼ tasse de porto, de Madère ou de vermouth blanc sec
- 1 tasse de crème épaisse Sel, poivre blanc et jus de citron
- 2 cuillères à soupe de persil frais haché

INSTRUCTIONS:
a) Préchauffer le four à 400 degrés.
b) Frotter les suprêmes avec des gouttes de jus de citron et saupoudrer légèrement de sel et de poivre. Chauffer le beurre dans une cocotte jusqu'à ce qu'il mousse. Roulez rapidement les suprêmes dans le beurre, posez le papier dessus, couvrez la cocotte et enfournez à four chaud.
c) Au bout de 6 minutes, pressez le dessus des suprêmes avec votre doigt ; s'il est encore mou et spongieux, remettre au four pendant une minute ou deux de plus.

d) Ils sont terminés lorsqu'ils se sentent légèrement élastiques et résilients ; ne les faites pas trop cuire. Retirer les suprêmes dans un plat de service chaud ; couvrir et réserver au chaud pendant la préparation de la sauce, ce qui prendra 2 à 3 minutes.
e) Versez le bouillon et le vin dans la cocotte avec le beurre de cuisson et faites bouillir rapidement à feu vif jusqu'à ce que le liquide soit sirupeux. Versez ensuite la crème et faites bouillir rapidement jusqu'à ce qu'elle épaississe légèrement.
f) Assaisonnez soigneusement avec du sel, du poivre et des gouttes de jus de citron.
g) Versez la sauce sur les suprêmes, parsemez de persil et servez aussitôt.

30. Risotto

INGRÉDIENTS:

⅓ tasse d'oignons finement émincés
2 cuillères à soupe de beurre
Une casserole épaisse de 6 tasses ou une cocotte ignifuge
1 tasse de riz blanc cru non lavé
2 tasses de bouillon de poulet ou de bouillon, chauffé à ébullition
Sel et poivre
Un petit bouquet d'herbes : 2 brins de persil, ⅓ de feuille de laurier et ⅛ cuillère à café de thym ficelé dans une étamine lavée

INSTRUCTIONS:

Faites revenir les oignons lentement dans le beurre pendant plusieurs minutes jusqu'à ce qu'ils soient tendres et translucides. Ajoutez le riz et remuez à feu modéré pendant 3 à 4 minutes jusqu'à ce que les grains de riz, qui deviennent d'abord translucides, deviennent d'un blanc laiteux. Cette étape cuit l'enrobage de riz farineux et empêche les grains de coller entre eux. Incorporez ensuite le bouillon de volaille, assaisonnez légèrement de sel et de poivre et ajoutez le bouquet d'herbes. Remuer brièvement jusqu'à ce que le feu mijote, puis couvrir hermétiquement et cuire à feu doux sur la cuisinière ou dans un four préchauffé à 350 degrés. Réglez le feu pour que le riz ait absorbé le liquide en 18 minutes environ, mais ne remuez pas du tout le riz pendant la cuisson. Une fois terminé, remuez légèrement avec une fourchette, en ajoutant plus de sel et de poivre si nécessaire. (Le risotto peut être cuit à l'avance et mis de côté, à découvert ; pour réchauffer, placez-le dans une casserole d'eau frémissante, couvrez le riz et remuez-le avec une fourchette de temps en temps jusqu'à ce que le riz soit bien chaud. Ne pas trop cuire.)

31. Haricots Verts Au Maître d'Hôtel

INGRÉDIENTS:
CUISSON PRÉLIMINAIRE OU BLANCHIMENT
3 livres. haricots verts frais
Une grande bouilloire contenant 7 à 8 litres d'eau bouillante rapidement
3½ cuillères à soupe de sel
PORTION
Une casserole ou une poêle épaisse émaillée ou antiadhésive de 8 à 10 pouces
Sel et poivre
3 à 4 cuillères à soupe de beurre
1 cuillère à café de jus de citron
2 à 3 cuillères à soupe de persil frais émincé

INSTRUCTIONS:
Cassez les extrémités des haricots. Juste avant la cuisson, laver rapidement sous l'eau chaude. Déposez les haricots dans la bouilloire, ajoutez du sel et ramenez rapidement à ébullition. Faire bouillir à découvert pendant 8 minutes, puis tester un haricot en le mangeant. Les haricots sont cuits lorsqu'ils sont tendres mais conservent toujours une suggestion de croquant. Dès qu'ils ont terminé, placez une passoire sur la bouilloire et égouttez l'eau des haricots. Ensuite, faites couler de l'eau froide dans une bouilloire pendant plusieurs minutes pour refroidir les haricots et fixer leur couleur et leur texture. Vidange. Réserver jusqu'au moment de l'utiliser.
Pour servir, mélangez les haricots dans la casserole ou la poêle à feu moyen-vif pour évaporer toute leur humidité. Mélangez ensuite avec le sel, le poivre et le beurre jusqu'à ce que le tout soit bien chaud (environ 2 minutes). Mélangez

à nouveau avec une cuillère à café de jus de citron et le persil émincé. Sers immédiatement.

32. Terrine De Porc, Veau, Et Jambon

INGRÉDIENTS:

LE MÉLANGE DE BASE PÂTÉ

½ tasse d'oignons finement émincés

2 cuillères à soupe de beurre

Une petite poêle

Un bol à mélanger de 3 litres

½ tasse de porto sec ou de Madère ou de cognac

¾ livre. (1½ tasse) de porc maigre finement haché

¾ livre. (1½ tasse) de veau maigre finement haché

½ livre. (1 tasse) de graisse de porc fraîche hachée (voir notes au début de la recette)

2 oeufs légèrement battus

½ cuillère à café de sel

½ cuillère à café de poivre

½ cuillère à café de thym

Une grosse pincée de piment de la Jamaïque

Une petite gousse d'ail écrasée

LES BANDES DE VEAU

½ livre. veau maigre de ronde ou de filet mignon, coupé en lanières de ¼ de pouce

Un bol

3 cuillères à soupe de cognac

Sel et poivre

Pincez chacun du thym et du piment de la Jamaïque

1 cuillère à soupe d'échalotes ou d'oignons verts finement émincés

Facultatif : 1 ou plusieurs truffes en conserve coupées en dés de ¼ de pouce et le jus de la boîte

FORMER LE PÂTÉ

Un plat ou une poêle allant au four de 2 litres (voir les notes au début de la recette)

Suffisamment de feuilles ou de lanières de graisse de porc pour enfermer le pâté (voir notes au début de la recette)
4 tasses du mélange de base pour pâté
½ livre. jambon bouilli maigre coupé en lanières de ¼ de pouce d'épaisseur
1 feuille de laurier
Feuille d'aluminium
Un couvercle épais pour un plat allant au four ou une poêle
Une poêle pour tenir un plat allant au four

INSTRUCTIONS:

Cuire lentement les oignons dans le beurre jusqu'à ce qu'ils soient tendres et translucides ; puis grattez-les dans le bol à mélanger. Versez le vin dans la poêle et faites bouillir jusqu'à réduction de moitié; ajouter aux oignons dans le bol à mélanger.

Battez vigoureusement les viandes hachées, la graisse, les œufs et les assaisonnements avec les oignons jusqu'à ce que tout soit bien mélangé et que la texture soit ramollie et allégée – 2 à 3 minutes. Faire sauter une petite cuillerée jusqu'à ce qu'elle soit bien cuite; Goûtez et rectifiez l'assaisonnement si nécessaire.

Pendant que vous préparez les autres ingrédients qui suivront, faites mariner le veau dans un bol avec le cognac et les autres assaisonnements, dont les truffes facultatives et le jus de leur conserve. Avant utilisation, égouttez le veau et les truffes ; réserver la marinade.

(Préchauffer le four à 350 degrés pour l'étape suivante.)

Tapisser le fond et les côtés du plat de lanières de graisse de porc, en les pressant fermement. Incorporer la marinade de veau au mélange de base du pâté et en étaler un tiers au fond du plat. Couvrir de la moitié des lanières de veau marinées en alternant avec la moitié des lanières de jambon. Si vous utilisez des truffes, placez-les en rangée au centre. Couvrir avec la moitié du reste du mélange de pâté, le reste des lanières de veau et de jambon, encore des truffes et enfin le reste du mélange de pâté. Posez la feuille de laurier dessus; recouvrir d'une feuille ou de lanières de graisse de porc. Enfermez le dessus du plat avec du papier d'aluminium et posez le couvercle (mettez un poids dessus si le couvercle est lâche ou fragile).

CUISSON DU PâTÉ

Placez un plat dans une casserole légèrement plus grande et versez suffisamment d'eau pour qu'elle atteigne les deux tiers de la hauteur. Placer dans le tiers inférieur du four préchauffé à 350 degrés et cuire au four pendant environ 1 heure et demie, ou jusqu'à ce que le pâté ait légèrement rétréci du plat de cuisson et que tout le liquide et les jus environnants soient d'un jaune clair sans aucune trace de couleur rosée.

REFROIDIR, REFROIDIR ET SERVIR

Une fois terminé, sortez le plat de l'eau et posez-le sur une assiette. Retirez le couvercle et sur le dessus du papier d'aluminium, placez un morceau de bois, une poêle ou un plat qui rentrera juste dans le plat de cuisson. Sur ou dedans, placez un poids de 3 à 4 livres ou des parties d'un hachoir à viande ; cela tassera le pâté afin qu'il n'y ait plus d'espace d'air plus tard. Laisser refroidir à température ambiante pendant plusieurs heures, puis réfrigérer, toujours lesté, pendant 6 à 8 heures ou toute la nuit.

Découpez des tranches de service directement dans le plat de cuisson à table, ou démoulez le pâté, retirez la graisse de porc et servez le pâté décoré en gelée. (Remarque : si vous le conservez plus de 2 ou 3 jours au réfrigérateur, démoulez le pâté réfrigéré et grattez toute la gelée de viande de la surface, car c'est la gelée qui se gâte en premier. Essuyez le pâté et remettez-le dans un plat allant au four ou dans un emballage. dans du papier ciré ou une pellicule plastique.)

33. Épinards Au Jus; Épinards à la crème

INGRÉDIENTS:
CUISSON PRÉLIMINAIRE OU BLANCHIMENT
3 livres. épinards frais
Une grande bouilloire contenant 7 à 8 litres d'eau bouillante rapidement
3½ cuillères à soupe de sel
Un couteau à découper en acier inoxydable
PORTION
2 cuillères à soupe de beurre
Une casserole ou une poêle émaillée à fond épais de 8 pouces
1½ cuillère à soupe de farine tamisée
1 tasse de bouillon de bœuf, de bouillon de bœuf en conserve ou de crème épaisse
Sel et poivre
1 à 2 cuillères à soupe de beurre ramolli

INSTRUCTIONS:
Coupez et lavez les épinards. Plongez-les dans l'eau bouillante une poignée à la fois, ajoutez du sel et faites bouillir lentement, à découvert, pendant 2 à 3 minutes ou jusqu'à ce que les épinards soient mous. Égoutter, faire couler de l'eau froide dans une bouilloire pendant une minute ou deux, égoutter à nouveau. Par poignées, essorez autant d'eau que possible des épinards. Hacher. Réserver jusqu'au moment de l'utiliser. (Donne environ 3 tasses.)

Faire fondre le beurre dans la casserole. Lorsque cela bouillonne, ajoutez les épinards hachés et remuez à feu moyen-vif pendant 2 à 3 minutes pour évaporer l'humidité. Lorsque les épinards commencent tout juste à adhérer au fond de la casserole, baissez le feu à modéré et incorporez la farine. Cuire en remuant pendant 2 minutes. Retirer du feu et incorporer le bouillon, le bouillon ou la crème.

Assaisonnez légèrement, portez à ébullition, couvrez et laissez cuire très lentement pendant 10 à 15 minutes. Remuez fréquemment pour éviter de brûler. Corriger l'assaisonnement, incorporer le beurre ramolli et servir.

34. Étuvées Au Beurre

INGRÉDIENTS:

5 à 6 tasses de carottes pelées et tranchées ou en quartiers (environ 1½ lb)
Une casserole émaillée à fond épais de 2 litres
1 cuillère à soupe de sucre cristallisé
1½ tasse d'eau
1½ cuillère à soupe de beurre
½ cuillère à café de sel
Pincée de poivre
2 cuillères à soupe de persil frais haché
1 à 2 cuillères à soupe de beurre supplémentaire

INSTRUCTIONS:

Mettez les carottes dans la casserole avec le sucre, l'eau, le beurre, le sel et le poivre. Couvrir et faire bouillir lentement pendant environ 30 minutes, ou jusqu'à ce que les carottes soient tendres et que le liquide se soit évaporé. Assaisonnement correct. Juste avant de servir, réchauffer en mélangeant avec le persil et du beurre supplémentaire.

35. Champignons Farcis / Champignons Farcis

INGRÉDIENTS:

12 gros champignons
2 à 3 cuillères à soupe de beurre fondu
Un plat peu profond allant au four
Sel et poivre
2 cuillères à soupe d'échalotes ou d'oignons verts émincés
2 cuillères à soupe de beurre
$\frac{1}{2}$ cuillère à soupe de farine
$\frac{1}{2}$ tasse de crème épaisse
3 cuillères à soupe de persil frais haché
Sel et poivre supplémentaires
$\frac{1}{4}$ tasse de fromage suisse râpé
1 à 2 cuillères à soupe de beurre fondu

INSTRUCTIONS:

Retirez les pieds des champignons et réservez. Lavez et séchez les chapeaux, badigeonnez-les de beurre fondu et disposez-les, côté creux vers le haut, dans le plat allant au four. Assaisonner légèrement avec le sel et le poivre.

Lavez et séchez les tiges et hachez-les. Par poignées, tordez le coin d'une serviette pour en extraire le plus de jus possible. Faire revenir les échalotes ou les oignons verts dans le beurre pendant 4 ou 5 minutes jusqu'à ce que les morceaux commencent à se séparer. Baissez le feu, ajoutez la farine et remuez pendant 1 minute. Incorporer la crème et laisser mijoter une minute ou deux, jusqu'à épaississement. Incorporer le persil et les assaisonnements. Remplissez les chapeaux des champignons avec ce mélange; garnir chacun d'1 cuillère à café de fromage et arroser de gouttelettes de beurre fondu. Réserver jusqu'au moment de terminer la cuisson.

Environ quinze minutes avant de servir, cuire au four dans le tiers supérieur d'un four préchauffé à 375 degrés jusqu'à ce que les chapeaux soient tendres et que la farce soit légèrement dorée sur le dessus.

36. Escalopes De Veau Sautées à l'Estragon

INGRÉDIENTS :

4 pétoncles de veau ou plus
1½ cuillère à soupe de beurre
½ cuillère à soupe d'huile de cuisson
Une poêle émaillée ou antiadhésive de 10 pouces

SAUCE ET SERVICE

1 cuillère à soupe d'échalotes ou d'oignons verts émincés
Facultatif : ¼ tasse de Sercial Madère ou de vermouth blanc sec
½ cuillère à soupe de feuilles d'estragon séchées
1 tasse de bouillon brun ou de bouillon de bœuf en conserve ; ou ¼ tasse de bouillon et 1 tasse de crème épaisse
Facultatif : 1 tasse de champignons préalablement sautés au beurre pendant environ 5 minutes
½ cuillère à soupe de fécule de maïs mélangée en pâte avec 1 cuillère à soupe d'eau
Sel et poivre
1 cuillère à soupe de beurre mou
Un plat de service chaud
Brins de persil

INSTRUCTIONS :

Sécher soigneusement les pétoncles sur du papier absorbant. Faites chauffer le beurre et l'huile dans la poêle à feu vif. Lorsque la mousse de beurre est presque calmée mais ne brunit pas, ajoutez les pétoncles. Ne les rassemblez pas ; faites-les cuire quelques-uns à la fois si nécessaire. Faire sauter d'un côté pendant environ 4 minutes, en régulant la chaleur pour que la graisse soit toujours très chaude mais ne brunisse pas ; puis retournez et faites revenir la viande de l'autre côté. Les pétoncles sont cuits lorsqu'ils résistent tout juste à la pression des doigts, et le jus devient jaune clair lorsque la viande est piquée. Retirer les pétoncles dans un plat d'accompagnement et préparer la sauce comme suit :

Versez tout sauf une cuillère à soupe de graisse de la poêle. Ajoutez les échalotes ou les oignons verts et remuez à feu modéré pendant $\frac{1}{2}$ minute. Ajoutez ensuite le vin optionnel, l'estragon et le bouillon ou le bouillon. Grattez tous les jus de sauté coagulés avec une cuillère en bois et laissez mijoter un instant. (Si vous utilisez de la crème, ajoutez-la maintenant.) Faire bouillir rapidement pour réduire le liquide à environ $\frac{2}{3}$ tasse. Retirer du feu, incorporer le mélange de fécule de maïs et les champignons facultatifs. Laisser mijoter en remuant pendant 2 minutes. Assaisonnez légèrement les pétoncles avec du sel et du poivre, remettez-les dans la poêle et arrosez de sauce. Assaisonnement correct. Réserver à découvert quelques minutes avant de servir.

Juste avant de servir, réchauffer à ébullition en arrosant les pétoncles de sauce pendant une minute ou deux jusqu'à ce qu'ils soient bien chauds. Retirer du feu, déposer les pétoncles sur un plat de service chaud et ajouter le beurre à la sauce dans la poêle. Remuez la poêle jusqu'à ce que le beurre soit absorbé, puis versez la sauce sur les pétoncles. Décorer de persil et servir aussitôt.

37. Escalope De Veau Gratinées

INGRÉDIENTS :

3 cuillères à soupe de beurre
Une casserole à fond épais de 2 litres
4 cuillères à soupe de farine
2 tasses de bouillon de veau ou de poulet chaud ou de bouillon
Un fouet en fil de fer
½ tasse d'oignons finement émincés, préalablement cuits dans le beurre jusqu'à ce qu'ils soient translucides
1 tasse de champignons tranchés, préalablement sautés au beurre pendant environ 5 minutes
⅓ tasse de crème épaisse
½ tasse de fromage suisse râpé
Un plat allant au four, 2 pouces de profondeur
Sel, poivre et jus de citron
4 à 8 coquilles Saint-Jacques de veau préalablement sautées ou restes de veau rôti tranchés
Facultatif : 4 à 8 tranches de jambon cru maigre
1 cuillère à soupe de beurre ramolli

INSTRUCTIONS :

Préchauffer le four à 375 degrés.
Faire fondre le beurre dans une casserole, puis incorporer la farine et cuire lentement en remuant pendant 2 minutes sans coloration. Retirer du feu. Versez tout le bouillon ou le bouillon chaud d'un coup et battez vigoureusement avec un fouet pour mélanger. Faire bouillir en remuant pendant 1 minute. Incorporer les oignons cuits et laisser mijoter 5 minutes. Incorporer les champignons et laisser mijoter encore 5 minutes. Éclaircissez avec des cuillerées de crème, mais la sauce doit être assez épaisse. Assaisonnement correct ; ajoutez les deux tiers du fromage. Beurrer

légèrement le plat de service. Étalez une ou deux cuillerées de sauce au fond du plat. Salez, poivrez le veau et disposez-le en tranches superposées dans un plat, avec une cuillerée de sauce et une tranche de jambon facultative entre chacune. Couvrir du reste de la sauce, saupoudrer du reste du fromage et parsemer de beurre. Réserver ou réfrigérer jusqu'à environ $\frac{1}{2}$ heure avant de servir.

Pour terminer la cuisson, placez-le dans le tiers supérieur d'un four préchauffé à 375 degrés jusqu'à ce qu'il bouillonne et que le dessus soit légèrement doré. Ne pas trop cuire.

38. Foies De Volaille Sautés, Madère

INGRÉDIENTS :

1 livre. foies de poulet (environ 2 tasses)
Sel et poivre
½ tasse de farine dans une assiette
Un grand tamis
2 cuillères à soupe de beurre
1 cuillère à soupe d'huile de cuisson
Une poêle épaisse émaillée ou antiadhésive de 10 pouces
Facultatif : 1 tasse de jambon bouilli coupé en dés, préalablement sauté au beurre, et/ou 1 tasse de champignons frais coupés en quartiers, préalablement sautés au beurre
½ tasse de bouillon de bœuf ou de bouillon
⅓ tasse de Sercial Madère sec
1 cuillère à soupe de beurre mou
1 cuillère à soupe de persil frais haché

INSTRUCTIONS :

Récupérez les foies de poulet; découpez les éventuels filaments et taches noires ou verdâtres (ceux-ci sont causés par la poche biliaire qui reposait sur le foie avant le nettoyage). Sécher sur du papier absorbant. Juste avant la cuisson, saupoudrez légèrement de sel et de poivre, roulez dans la farine, puis secouez au tamis pour éliminer l'excédent de farine.

Faire fondre le beurre et l'huile dans la poêle à feu moyen-vif. Lorsque vous voyez la mousse de beurre commencer à s'atténuer, ajoutez les foies de volaille. Remuer fréquemment pendant 3 à 4 minutes jusqu'à ce que les foies soient légèrement dorés; ils sont cuits lorsqu'ils sont élastiques au toucher de votre doigt. Ne pas trop cuire. Ajoutez éventuellement du jambon et des champignons sautés, versez le bouillon et le vin et laissez mijoter 1 minute. Goûtez et assaisonnez correctement. (Réservez plus tard si vous n'êtes pas prêt à servir.) Réchauffez juste avant de servir, puis retirez du feu et mélangez avec le beurre ramolli et le persil.

39. Timbale De Foies De Volaille / Chicken-liver Mold

INGRÉDIENTS :

LE MÉLANGE DE CRÈME

1 livre. foies de poulet (environ 2 tasses)
2 œufs (classés « gros » aux États-Unis)
2 jaunes d'œufs
¼ cuillère à café de sel
⅛ cuillère à café de poivre
1 tasse de sauce blanche épaisse (1½ cuillère à soupe de beurre, 2 cuillères à soupe de farine et 1 tasse de lait)
Facultatif : ⅓ tasse de crème épaisse
2 To de porto, Madère ou cognac

CUISSON ET SERVICE

Un plat allant au four de 4 tasses de 2¼ à 3 pouces de profondeur, ou 8 demi-tasses de ramequins ou de coupes à crème anglaise
1 cuillère à soupe de beurre ramolli
Une casserole d'eau bouillante pour contenir un plat allant au four ou des ramequins
2 tasses de hollandaise ou de béarnaise ; ou sauce à la crème aromatisée avec 1 cuillère à café de concentré de tomate et d'estragon ou de persil (voir cette page)

INSTRUCTIONS :

Récupérez les foies de poulet en coupant les filaments et les taches noires ou verdâtres. Placez-les dans le bol d'un mixeur électrique avec les œufs, les jaunes d'œufs, le sel et le poivre et mixez pendant 1 minute. Ajouter la sauce blanche et le vin ou le cognac, mélanger encore 15 secondes et passer au tamis dans un bol. (Ou réduire en purée les foies de poulet dans un moulin ou un hachoir à viande dans un bol, incorporer le reste des ingrédients et passer au tamis.) Préchauffer le four à 350 degrés.

Étalez une légère pellicule de beurre dans un plat allant au four ou des ramequins et remplissez jusqu'à $\frac{1}{8}$ de pouce du dessus avec le mélange de foie. Au moment de cuire, mettre dans une casserole d'eau bouillante, puis placer au niveau moyen du four préchauffé. Réglez l'eau dans la casserole pour qu'elle mijote presque mais pas tout à fait. La timbale est cuite lorsqu'elle présente une très légère ligne de retrait du plat, et lorsqu'un couteau plongé au centre en ressort propre. Comptez environ 30 minutes au four pour une timbale réalisée dans un plat allant au four ; environ 20, si vous utilisez des ramequins. (S'il n'est pas servi immédiatement, laissez-le dans une casserole d'eau dans le four éteint, avec la porte entrouverte – ou réchauffez si nécessaire.)

Pour démouler une timbale réalisée dans un plat allant au four, laissez reposer 5 minutes si vous venez de terminer la cuisson, puis passez un couteau sur le pourtour de la timbale. Retournez un plat de service chaud légèrement beurré sur le moule, puis inversez les deux en donnant une forte secousse vers le bas, et la timbale se mettra en place. Pour démouler les ramequins, passez un couteau sur le pourtour de chacun et démoulez sur des plaques chauffantes ou un plat, en donnant un coup sec vers le bas pour chacun juste à la fin.

Versez la sauce sur et autour de la timbale ou des ramequins et servez aussitôt en passant le reste de la sauce dans un bol chauffé.

Les timbales sont meilleures en plat séparé, avec du pain français chaud et un Bourgogne blanc réfrigéré, des Graves ou du Traminer.

40. Canard à l'Orange / Canard Rôti à la Sauce à l'Orange

INGRÉDIENTS:
BOUILLON POUR LA SAUCE
- Extrémités des ailes de canard, cou, abats
- 2 cuillères à soupe d'huile de cuisson
- 1 carotte moyenne, tranchée
- 1 oignon moyen, tranché
- 1 tasse de bouillon de boeuf
- 2 tasses d'eau
- 4 brins de persil, 1 feuille de laurier et $\frac{1}{4}$ cuillère à café de sauge

LA PEAU D'ORANGE
- 4 oranges de couleurs vives, nombril ou Valencia, si possible
- 1 litre d'eau

RÔTI DU CANARD
- Temps de torréfaction : 1 heure 30 à 40 minutes.
- Un 5 livres. canette prête à cuire
- $\frac{1}{2}$ cuillère à café de sel
- $\frac{1}{8}$ cuillère à café de poivre
- ⅓ du zeste d'orange préparé
- Une rôtissoire peu profonde avec grille, juste assez grande pour contenir facilement le canard

CONTINUER AVEC LA SAUCE; LES SEGMENTS ORANGES
- 3 cuillères à soupe de sucre cristallisé
- $\frac{1}{4}$ tasse de vinaigre de vin rouge
- Les 2 tasses de fond de canard
- Arrowroot de 2 To mélangé avec du port de 2 To
- Le reste du zeste d'orange et les oranges

ASSEMBLAGE FINAL ET SERVICE
- $\frac{1}{2}$ tasse de porto sec
- La base de sauce préparée

- 2 à 3 cuillères à soupe de liqueur d'orange
- Gouttes de bitter orange ou de jus de citron
- 2 à 3 cuillères à soupe de beurre ramolli

INSTRUCTIONS:

a) Coupez les extrémités des ailes de canard, le cou et les abats en morceaux de 1 pouce. Faire revenir dans une poêle dans l'huile de cuisson chaude avec les tranches de carotte et d'oignon. Transférer dans une casserole à fond épais, ajouter le bouillon et suffisamment d'eau pour couvrir de 1 pouce. Portez à ébullition, écumez, puis ajoutez les herbes et laissez mijoter 2 à 2h30. Filtrer, écumer toute la graisse et faire bouillir jusqu'à obtenir 2 tasses de liquide. Une fois froid, couvrir et réfrigérer jusqu'à ce que vous en ayez besoin.

b) À l'aide d'un épluche-légumes, retirez uniquement la partie orange de la peau en lanières. Couper en fine julienne (petites lanières ne dépassant pas 1/16 de pouce de large et $1\frac{1}{2}$ pouce de long). Laisser mijoter 15 minutes dans 1 litre d'eau pour éliminer l'amertume ; puis égouttez-les, rincez-les à l'eau froide et séchez-les dans du papier absorbant. Une partie de la peau va dans la sauce ; partie, à l'intérieur du canard. Enveloppez-le dans du papier ciré et réfrigérez si vous n'êtes pas prêt à l'utiliser. Enveloppez et réfrigérez les oranges partiellement pelées jusqu'à plus tard.

c) Préparez le canard comme décrit au début de la recette ; séchez soigneusement, assaisonnez la cavité avec du sel et du poivre et ajoutez le zeste d'orange. Attachez les ailes et les pattes au corps et fermez la cavité. Pour un timing précis, le canard doit être à température ambiante.

d) Si vous faites rôtir le canard sur une broche rotative, utilisez un feu moyennement élevé. Pour rôtir au four, préchauffer à 450 degrés et déposer le magret de canard sur une grille dans une rôtissoire; au bout de 15 minutes, baissez le four à 350 degrés, puis retournez le canard d'un côté à l'autre toutes les 15 minutes, et sur le dos pendant les 15 dernières minutes. L'arrosage n'est pas nécessaire.

e) Pour savoir quand le canard est cuit, piquez profondément la partie la plus épaisse du pilon avec une fourchette : le jus doit être légèrement rosé pour devenir clair ; Lorsque le canard est égoutté, les dernières gouttes de jus de l'évent doivent être légèrement roses à jaune clair.

f) Mélangez le sucre et le vinaigre dans une petite casserole, faites tourner sur le feu pour faire fondre complètement le sucre, puis faites bouillir rapidement jusqu'à ce que le mélange soit brun caramel. Retirer du feu et incorporer la moitié du fond de canard; laisser mijoter en remuant pour dissoudre le caramel. Retirer du feu, verser le reste de fond de canard et incorporer le mélange d'arrow-root. Ajouter le zeste d'orange et laisser mijoter 3 à 4 minutes; rectifier soigneusement l'assaisonnement. La sauce sera légèrement épaissie et claire.

g) Peu de temps avant de servir, coupez la partie blanche des oranges pelées, puis coupez les oranges en segments nets et sans peau. Si cela est fait trop à l'avance, les segments n'auront pas un goût frais. Réfrigérer dans un bol couvert jusqu'au moment de servir.

h) Lorsque le canard est cuit, placez-le sur un plat de service et jetez les ficelles; gardez-le au chaud dans le four éteint jusqu'au moment de servir. Versez la graisse de la rôtissoire, versez le porto et grattez tout le jus de torréfaction coagulé avec une cuillère en bois. Verser le mélange dans la sauce et porter à ébullition en ajoutant la liqueur d'orange. Goûtez soigneusement; ajoutez des gouttes de bitter ou du jus de citron si la sauce semble trop sucrée. Juste avant de servir, retirer du feu et incorporer le beurre, une cuillerée à soupe à la fois.

i) Décorer le magret de canard avec les quartiers d'orange et empiler le reste des quartiers à chaque extrémité du plateau ; verser un peu de sauce et éplucher le canard, verser le reste dans une saucière chaude et servir.

41. Canard à La Montmorency

INGRÉDIENTS:

1 cuillère à soupe de jus de citron
3 To de porto ou de cognac
Sucre au goût (2 à 3 To)
4 tasses de gelée de viande au vin dans une casserole
Un plat de service de 12 pouces
Un $4\frac{1}{2}$ livres. canard rôti, réfrigéré et découpé en morceaux de service

INSTRUCTIONS:

Mélangez les cerises dans un bol avec le jus de citron, le porto ou le cognac et le sucre. Laissez-les macérer (raide) pendant 20 à 30 minutes. Ajoutez ensuite les cerises et leurs jus de macération à la gelée de viande. Si vous utilisez des cerises fraîches, faites chauffer à feu doux pendant 3 à 4 minutes pour pocher doucement sans éclater ; chauffer 1 minute seulement pour les cerises en conserve. Égoutter et réfrigérer.

Versez une couche de $\frac{1}{8}$ de pouce de gelée chaude dans un plat et réfrigérez pendant 15 à 20 minutes jusqu'à ce qu'elle soit prise. Pelez la peau du canard sculpté et disposez les morceaux de canard de manière attrayante sur une couche de gelée réfrigérée sur une assiette. Versez une couche de gelée sirupeuse froide sur le canard (la première couche n'adhérera pas très bien), réfrigérez 10 minutes et répétez avec des couches successives jusqu'à obtenir une couche de 1/16 de pouce.

Trempez les cerises réfrigérées dans un peu de gelée sirupeuse, disposez-les sur le canard et réfrigérez à nouveau jusqu'à ce qu'elles soient prises. Versez une ou deux dernières couches de gelée sur le canard et les cerises. Versez le reste de la gelée dans une assiette, réfrigérez, hachez-la et répartissez-la autour du canard. Si vous avez plus de gelée, vous souhaiterez peut-être également réaliser davantage de décorations avec des découpes de gelée. Réfrigérez le canard jusqu'au moment de servir. Vous pouvez terminer le plat un jour à l'avance.

42. Homard à l'Américaine

INGRÉDIENTS:
SAUTER LE HOMARD
Trois 1½ lb. Homard vivant

3 cuillères à soupe d'huile d'olive

Une poêle ou une casserole émaillée épaisse de 12 pouces

Mijoter dans le vin et les arômes
1 carotte moyenne, coupée en petits dés

1 oignon moyen, coupé finement

Sel et poivre

3 cuillères à soupe d'échalotes ou d'oignons verts émincés

1 gousse d'ail écrasée

⅓ tasse de cognac

1 livre. tomates pelées, épépinées, pressées et hachées ; ou ⅓ tasse de sauce tomate nature

2 cuillères à soupe de concentré de tomate, ou plus de sauce tomate si nécessaire

1 tasse de bouillon de poisson ou ⅓ tasse de jus de palourde

1 tasse de vermouth blanc sec

½ tasse de bouillon de bœuf ou de bouillon

2 cuillères à soupe de persil haché

1 cuillère à café d'estragon séché ou 1 cuillère à soupe d'estragon frais

FINITION DU HOMARD
Le corail homard et la matière verte

6 cuillères à soupe de beurre ramolli

Un tamis posé sur un bol de 2 litres

Une cuillère en bois

PORTION
Une rondelle de riz vapeur ou de risotto sur une assiette chaude légèrement beurrée

2 à 3 cuillères à soupe de persil émincé ou de persil et d'estragon frais

INSTRUCTIONS:
Préparez les homards comme décrit dans le paragraphe précédent. Faites chauffer l'huile dans la poêle jusqu'à ce qu'elle soit très chaude mais sans fumer. Ajouter les morceaux de homard, côté chair vers le bas, et faire sauter quelques minutes en les retournant jusqu'à ce que les carapaces soient rouge vif. Retirer le homard dans un plat d'accompagnement.
Préchauffer le four à 350 degrés.
Incorporer les carottes et l'oignon coupés en dés dans la poêle et cuire lentement pendant 5 minutes ou jusqu'à ce qu'ils soient presque tendres. Assaisonnez le homard avec du sel et du poivre, remettez-le dans la poêle et ajoutez les échalotes ou les oignons verts et l'ail. Dans une poêle à feu modéré, versez le cognac. Détournez votre visage, allumez le cognac avec une allumette allumée et secouez lentement la poêle jusqu'à ce que les flammes s'éteignent. Incorporer le reste des ingrédients, porter à ébullition, couvrir et cuire lentement soit sur la cuisinière, soit au niveau intermédiaire d'un four préchauffé. Réglez la chaleur pour que le homard mijote tranquillement pendant 20 minutes.
Pendant que le homard mijote, forcez le corail et la matière verte du homard avec le beurre à travers le tamis et dans le bol. Mettre de côté.
Lorsque le homard est cuit, déposez-le sur un plat d'accompagnement. (Retirez la viande des coquilles si nécessaire.) Mettez la poêle avec son liquide de cuisson sur feu vif et faites bouillir rapidement jusqu'à ce que la sauce ait réduit et légèrement épaissi ; il épaissira davantage

lorsque le mélange de beurre et de corail sera ajouté plus tard. Goûtez très soigneusement pour l'assaisonnement. Remettez le homard dans la sauce.

La recette peut être complétée jusqu'à présent et terminée plus tard.

Portez le homard à ébullition jusqu'à ce qu'il soit bien chaud. Retirer du feu. Battez goutte à goutte une demi-tasse de sauce piquante dans le mélange corail et beurre, puis versez le mélange sur le homard. Secouez et remuez la poêle à feu doux pendant 2 à 3 minutes pour pocher le corail et épaissir la sauce, mais ne laissez pas mijoter.

Disposez le homard et la sauce dans le cercle de riz, décorez d'herbes et servez aussitôt. Un vin blanc fort et sec comme un Bourgogne ou un Côtes du Rhône serait votre meilleur choix.

43. Potée Normande : Pot-Au-Feu

INGRÉDIENTS:
LE BOEUF ET LE PORC OU LE VEAU
- Une bouilloire suffisamment grande pour contenir tous les ingrédients listés dans la recette
- Un 4 livres. Rôti de paleron de bœuf désossé
- Un 4 livres. épaule de porc ou de veau désossée
- 2 chacun des côtes de céleri, des carottes et des oignons
- 1 livre. os de bœuf et de veau, concassés
- Un grand bouquet d'herbes : 8 brins de persil, 6 grains de poivre, 4 clous de girofle, 3 gousses d'ail, 2 cuillères à café de thym, 2 feuilles de laurier, le tout ficelé dans une étamine lavée
- 2 cuillères à soupe de sel

POULET ET FARCE
- 4 tasses de chapelure blanche rassis
- Un grand bol à mélanger
- $\frac{1}{4}$ à $\frac{1}{2}$ tasse de bouillon ou de lait
- $\frac{1}{4}$ tasse de beurre fondu
- $\frac{1}{4}$ tasse de jambon bouilli en dés
- 3 onces ($\frac{1}{2}$ paquet) de fromage à la crème
- $\frac{1}{2}$ cuillère à café de thym
- 1 oeuf
- Le foie, le cœur et le gésier pelés de poulet hachés, préalablement sautés au beurre avec $\frac{2}{3}$ tasse d'oignons émincés
- Sel et poivre au goût
- Un 4 livres. poulet à l'étouffée

GARNITURE DE LÉGUMES ET SAUCISSES
- Carottes pelées et coupées en quartiers
- Navets, pelés et coupés en quartiers
- Oignons, pelés, racines percées

- Poireaux, coupés à 6 à 8 pouces de long, partie verte fendue dans le sens de la longueur, soigneusement lavés
- Saucisse polonaise entière ou saucisses italiennes individuelles

INSTRUCTIONS:

a) Faites attacher solidement le bœuf, le porc ou le veau ; à chaque morceau de viande, attachez une ficelle suffisamment longue pour l'attacher à la poignée de la bouilloire. Placer le bœuf dans la marmite; attachez une ficelle à manipuler. Ajouter les légumes, les os, le bouquet d'herbes et le sel, et couvrir de 6 pouces d'eau froide. Portez à ébullition, écumez l'écume et laissez mijoter 1 heure. Ajoutez ensuite du veau ou du porc.

b) Placer la chapelure dans un bol, humidifier avec un peu de bouillon ou de lait, puis incorporer le beurre, le jambon, le fromage, le thym, l'œuf et les abats, et assaisonner au goût avec du sel et du poivre. Farcissez et attachez le poulet, attachez-y une longue ficelle, placez-le dans la bouilloire et attachez l'extrémité de la ficelle pour la manipuler. Remettez rapidement la bouilloire à ébullition, en écumant si nécessaire.

c) Préparez les légumes et attachez chaque groupe dans une étamine lavée; ajouter à la bouilloire 1h30 avant la fin du temps de mijotage estimé. Ajouter les saucisses, ou les saucisses (nouées dans une étamine), $\frac{1}{2}$ heure avant la fin.

d) Les viandes et le poulet sont cuits lorsqu'une fourchette perce facilement la chair. Si la potée est cuite avant que vous soyez prêt, elle restera chaude pendant 45 bonnes minutes ou pourra être réchauffée.

PORTION

e) Pour servir, égouttez les viandes, coupez et jetez les ficelles et disposez la viande et le poulet sur une grande assiette chaude. Répartissez les légumes, saupoudrez de persil et arrosez d'un peu de bouillon de cuisson. Filtrer et dégraisser un bol de bouillon de cuisson pour accompagner le plat.

f) Accompagnements suggérés : riz bouilli ou pommes de terre ; sauce tomate, câpre ou raifort; Sel casher; cornichons; Pain français; vin rouge ou rosé.

44. Filets De Poisson En Soufflé

INGRÉDIENTS:
Braconnage du poisson
- ½ livre. filets de plie ou de sole sans peau
- Une casserole émaillée ou en inox
- ½ tasse de vermouth blanc sec
- plus de l'eau, ou 1½ tasse de bouillon de poisson au vin blanc
- 1 cuillère à soupe d'échalotes, d'oignons verts ou d'oignons verts émincés
- Sel et poivre

LE MÉLANGE SOUFFLÉ
- 2½ cuillères à soupe de beurre
- 3 cuillères à soupe de farine
- Une casserole de 2½ litres
- ¾ tasse de lait chaud
- Sel, poivre et muscade
- 1 jaune d'oeuf
- 5 blancs d'œufs battus en neige ferme
- ½ tasse de fromage suisse râpé grossièrement

INSTRUCTIONS:
a) Placez le poisson dans la casserole avec le vermouth ou le bouillon de poisson et suffisamment d'eau froide pour couvrir. Ajouter les échalotes et les assaisonnements.

b) Laisser mijoter à découvert pendant environ 6 minutes ou jusqu'à ce que le poisson soit bien cuit ; déposer le poisson sur un plat d'accompagnement. Faites rapidement bouillir le liquide de cuisson jusqu'à obtenir environ ½ tasse ; réserver la moitié pour le mélange à soufflé et le reste pour la sauce.

c) Faites cuire ensemble le beurre et la farine dans la casserole pendant 2 minutes sans coloration. Retirer du feu. Incorporer le lait chaud avec un fouet, puis ¼ tasse de liquide de cuisson du poisson. Porter à ébullition en remuant pendant 1 minute. Retirer du feu. Incorporer le jaune d'œuf. Incorporer un quart des blancs d'œufs battus, puis incorporer délicatement le reste des blancs d'œufs et tout sauf 2 cuillères à soupe de fromage.

CUISSON DU SOUFFLÉ
d) Préchauffer le four à 425 degrés.
e) Beurrer légèrement un plat ovale ignifuge d'environ 16 pouces de long. Étalez une couche de ¼ de pouce de mélange à soufflé au fond du plat. Écaillez les filets de poisson pochés et répartissez-les en 6 portions sur le plateau. Étalez le reste du mélange à soufflé sur le poisson pour former 6 monticules.
f) Saupoudrer du reste de fromage et déposer sur une grille dans le tiers supérieur du four préchauffé. Cuire au four de 15 à 18 minutes, ou jusqu'à ce que le soufflé soit gonflé et doré sur le dessus.

45. cassoulet

INGRÉDIENTS:
LES HARICOTS
- Une bouilloire de 8 litres contenant 5 litres d'eau bouillante rapidement
- 5 tasses (2 lb) de haricots blancs secs (Great Northern ou petits blancs de Californie)
- ½ livre. couenne de porc fraîche ou salée
- 1 livre. porc maigre salé mijoté 10 minutes dans 2 litres d'eau
- Une lourde casserole
- 1 tasse d'oignons tranchés
- Un grand bouquet d'herbes : 8 brins de persil, 4 gousses d'ail non pelées, 2 gousses, ½ cuillère à café de thym et 2 feuilles de laurier, le tout noué dans une étamine lavée
- Sel

LE PORC
- 2½ livres. rôti de porc désossé (longe ou épaule), excès de gras retiré

L'AGNEAU
- 2½ livres. épaule d'agneau désossée
- 3 à 4 To d'huile de cuisson
- Une cocotte résistante aux flammes ou une grande poêle
- 1 livre. os d'agneau concassés
- 2 tasses d'oignons émincés
- 4 gousses d'ail écrasées
- 6 To de concentré de tomate
- ½ cuillère à café de thym
- 2 feuilles de laurier
- 2 tasses de vermouth blanc sec
- 3 tasses de bouillon de bœuf
- 1 tasse d'eau
- Sel et poivre

GÂTEAUX À LA SAUCISSE MAISON
- 1 livre. (2 tasses) de porc haché maigre
- ⅓ livre. (⅔ tasse) de graisse de porc fraîche et hachée
- 2 cuillères à café de sel
- ⅛ cuillère à café de poivre
- Une grosse pincée de piment de la Jamaïque
- ⅛ cuillère à café de feuille de laurier émiettée
- Une petite gousse d'ail écrasée
- Facultatif : ¼ tasse de cognac ou d'armagnac et/ou 1 petite truffe hachée et le jus de canette

L'ASSEMBLAGE FINAL
- 2 tasses de chapelure blanche sèche
- ½ tasse de persil émincé
- Une cocotte ignifuge de 8 litres ou un plat allant au four de 5 à 6 pouces de hauteur
- 3 cuillères à soupe de graisse de porc ou de beurre fondu

INSTRUCTIONS:

a) Déposez les haricots dans l'eau bouillante. Ramenez rapidement à ébullition et faites bouillir pendant 2 minutes. Retirer du feu et laisser tremper les haricots pendant 1 heure. Pendant ce temps, mettez la couenne de porc dans une casserole avec 1 litre d'eau, portez à ébullition et faites bouillir pendant 1 minute. Égouttez, rincez à l'eau froide et répétez l'opération. Ensuite, avec des ciseaux, coupez la croûte en lanières de ¼ de pouce de large ; couper les bandes en petits triangles. Remettre dans la casserole, ajouter 1 litre d'eau et laisser mijoter très lentement pendant 30 minutes ; réserver la casserole.

b) Dès que les haricots ont trempé pendant 1 heure, ajoutez dans la bouilloire le porc salé, les oignons, le sachet d'herbes et la couenne de porc avec son liquide de cuisson. Porter à ébullition, écumer et laisser mijoter lentement, à découvert, pendant environ 1h30 ou jusqu'à ce que les haricots soient juste tendres. Ajouter de l'eau bouillante, si nécessaire pendant la cuisson, pour garder les haricots couverts. Assaisonner au goût avec du sel vers la fin de la cuisson. Laissez les haricots dans le liquide de cuisson jusqu'au moment de les utiliser.

c) Rôtissez le porc à une température interne de 175 degrés. Réserver en réservant le jus de cuisson.

d) Coupez l'agneau en morceaux de 2 pouces, séchez-les soigneusement et faites-les dorer quelques morceaux à la fois dans de l'huile de cuisson très chaude dans une cocotte ignifuge ou une grande poêle. Retirer la viande dans un plat d'accompagnement, faire dorer les os, les retirer et faire revenir légèrement les oignons. Égoutter la graisse brune, remettre la viande et les os et incorporer l'ail, la pâte de tomate, le thym, les feuilles de laurier, le vin et le bouillon. Portez à ébullition, assaisonnez légèrement, couvrez et laissez mijoter doucement pendant 1h30. Jeter les os et les feuilles de laurier, écumer le gras et assaisonner le jus de cuisson au goût avec du sel et du poivre.

e) Battez tous les ingrédients ensemble; former des gâteaux de 2 pouces de diamètre et $\frac{1}{2}$ pouce d'épaisseur. Faire dorer légèrement dans une poêle et égoutter sur du papier absorbant.

f) Égouttez les haricots, jetez le sachet d'herbes et coupez le porc salé en tranches de $\frac{1}{4}$ de pouce. Coupez le rôti de porc en morceaux de $1\frac{1}{2}$ à 2 pouces. Disposez une couche de haricots au fond de la cocotte ou du plat allant au four. Couvrir d'une couche d'agneau, de porc, de porc salé et de galettes de saucisses. Répétez avec des couches de haricots et de viande, en terminant par une couche de galettes de saucisses.

g) Versez le jus de cuisson de l'agneau, le jus de rôtissage du porc et suffisamment de liquide de cuisson des haricots à peine pour recouvrir la couche supérieure des haricots. Mélangez la chapelure et le persil, répartissez-les sur les haricots et les galettes de saucisses et arrosez de graisse ou de beurre. Réserver ou réfrigérer jusqu'au moment de la cuisson finale.

PÂTISSERIE

h) Préchauffer le four à 400 degrés.

i) Portez la cocotte à ébullition sur le feu, puis placez-la dans le tiers supérieur du four préchauffé. Lorsque le dessus est légèrement croustillant, au bout d'environ 20 minutes, baissez le four à 350 degrés. Cassez la croûte des haricots avec le dos d'une cuillère et arrosez-les avec le liquide de la cocotte.

j) Répétez plusieurs fois pendant que la croûte se forme à nouveau, mais laissez une dernière croûte intacte pour servir. Si le liquide devient trop épais, ajoutez quelques cuillerées de jus de cuisson des haricots. Le cassoulet doit cuire environ une heure.

46. Coulibiac De Saumon En Croûte

INGRÉDIENTS:
LA PÂTE À PÂTISSERIE
- 4 tasses de farine tout usage (tamisée directement dans chaque tasse et nivelée avec le plat d'un couteau)
- Un grand bol à mélanger
- $1\frac{3}{4}$ bâtonnets (7 onces) de beurre réfrigéré
- 4 cuillères à soupe de shortening végétal réfrigéré
- 2 cuillères à café de sel dissous dans $\frac{3}{4}$ tasse d'eau froide
- 1 ou plusieurs cuillères à soupe d'eau froide, au besoin
- 2 cuillères à soupe de beurre ramolli (pour couvrir)

LE RIZ
- 2 cuillères à soupe d'oignons émincés
- 2 cuillères à soupe de beurre
- Une casserole épaisse de 2 litres
- $1\frac{1}{2}$ tasse de riz sec, cru et nature
- 3 tasses de bouillon de poisson ou de poulet
- Sel et poivre

LE COUVERCLE SUPÉRIEUR (FUMÉE DE PÂTE FEUILLÉE OU FLAQUÉE)
- 2 cuillères à soupe de beurre ramolli

LE SAUMON ET LES CHAMPIGNONS
- 2 tasses de champignons finement coupés, préalablement sautés au beurre
- $\frac{1}{2}$ tasse d'échalotes ou d'oignons verts finement émincés
- 2 cuillères à soupe de beurre
- $\frac{1}{2}$ tasse de vermouth blanc sec
- $\frac{1}{4}$ tasse de cognac
- $2\frac{1}{2}$ tasses de saumon sans peau et désossé, en conserve ou déjà cuit
- $\frac{1}{2}$ tasse de persil frais émincé
- 1 cuillère à café d'origan ou d'estragon

- Sel et poivre

REMPLIR ET DÉCORER LA BOÎTE
- 2 tasses de sauce à la crème bien parfumée, incorporant le jus de saumon, le cas échéant
- Glaçage aux œufs (1 œuf battu avec 1 cuillère à café d'eau)

INSTRUCTIONS:

a) Placez la farine dans un bol à mélanger et incorporez-y le beurre refroidi et le shortening à l'aide d'un mixeur à pâtisserie ou du bout des doigts jusqu'à ce que le mélange ressemble à de la semoule de maïs grossière. Avec les doigts en coupe d'une main, incorporez rapidement l'eau, en pressant la pâte ensemble, en ajoutant plus d'eau par gouttelettes si nécessaire, pour obtenir une pâte souple mais non humide et collante.

b) Rassemblez-le en boule, placez-le sur une planche et poussez-en rapidement deux cuillerées vers l'extérieur et loin de vous avec le talon de votre main dans un frottis de 6 pouces. Ceci constitue le mélange final de graisse et de farine. Presser en boule, envelopper dans du papier ciré et réfrigérer pendant 2 heures ou jusqu'à ce qu'il soit ferme.

LE CAS INFÉRIEUR

c) Préchauffer le four à 425 degrés.

d) Abaisser les deux tiers de la pâte en un rectangle de $\frac{1}{8}$ de pouce d'épaisseur et suffisamment grand pour tenir sur le fond extérieur d'un moule à pain de 13 à 14 pouces de long et 3 pouces de large. Beurrez l'extérieur du moule, retournez-le et placez la pâte dessus, en laissant la pâte descendre jusqu'à une profondeur de 2 pouces. Coupez la pâte uniformément tout autour et piquez-la partout avec les dents d'une fourchette. Cuire au four 6 à 8 minutes dans un four préchauffé, jusqu'à ce que la pâte soit juste prise et commence à se colorer. Retirer et démouler sur une grille.

e) Abaisser le reste de la pâte en un rectangle, tartiner la moitié inférieure avec 1 cuillère à soupe de beurre ramolli et replier la moitié supérieure pour recouvrir le fond. Répétez avec une autre cuillère à soupe de beurre. Envelopper dans du papier ciré et réfrigérer.

f) Faire revenir les oignons dans le beurre dans la casserole pendant 5 minutes sans les laisser dorer. Incorporer le riz, cuire lentement pendant plusieurs minutes jusqu'à ce que les grains soient laiteux, puis incorporer le bouillon. Porter à ébullition, remuer une fois, puis couvrir la casserole et laisser mijoter moyennement vite sans remuer pendant environ 18 minutes, jusqu'à ce que le riz ait absorbé le liquide. Remuer légèrement avec une fourchette et assaisonner de sel et de poivre. (Peut être fait à l'avance.)

g) Cuire lentement les échalotes ou les oignons verts dans le beurre pendant 2 minutes; incorporer les champignons, le vermouth et le cognac et faire bouillir pendant plusieurs minutes pour évaporer l'alcool. Incorporez ensuite le saumon, le persil et l'estragon et faites chauffer pendant plusieurs minutes pour mélanger les saveurs. Assaisonner au goût avec du sel et du poivre. (Peut être fait à l'avance.)

h) Préchauffer le four à 425 degrés.

i) Disposez le fond de tarte sur une plaque à pâtisserie légèrement beurrée. Disposer une couche de riz au fond du plat, recouvrir d'une couche de champignons et de saumon, puis d'une couche de sauce. Répétez avec des couches de riz, de saumon et de sauce, en plaçant votre garniture dans un dôme si elle déborde du boîtier.

j) Abaissez la pâte réservée à votre couvercle supérieur en un rectangle 1½ pouces plus long et plus large de chaque côté que votre fond de tarte. Peignez les côtés du boîtier avec de l'œuf battu, posez le couvercle de pâte et appuyez fermement contre le boîtier pour bien sceller. Étalez les restes de pâte; découpé en formes fantaisistes. Peignez le couvercle avec du glaçage à l'œuf, apposez des décorations et peignez avec de l'œuf.

k) Dessinez les dents d'une fourchette sur le glaçage aux œufs pour faire des marques hachurées. Percez 2 trous d'un huitième de pouce dans le couvercle de pâte et insérez des entonnoirs en papier ou en aluminium ; ceux-ci permettront à la vapeur de s'échapper. (Si vous souhaitez remplir et décorer le moule à l'avance, omettez le glaçage à l'œuf et utilisez-le uniquement pour apposer les décorations. Réfrigérer jusqu'au temps de cuisson, puis glacer avec l'œuf.)

l) Cuire au four préchauffé à mi-hauteur pendant 45 à 60 minutes (plus longtemps si le moule a été refroidi) jusqu'à ce que la pâte soit bien dorée et que vous puissiez entendre des bruits de bulles venant des entonnoirs.

PORTION

m) Vous voudrez probablement une sauce avec cela ; il a besoin d'un peu d'humidification lorsque vous le mangez : beurre fondu, beurre citronné, sauce à la crème légère aromatisée au citron, simulation de hollandaise. Des petits pois au beurre l'accompagnent très bien, ou encore une salade verte ou un mélange de légumes.

n) Servir un vin blanc de Bourgogne ou de Traminer.

47. Veau Sylvie

INGRÉDIENTS:
COUPER ET MARINER LE VEAU
- Un rôti de veau désossé de 3½ livres

INGRÉDIENTS DES MARINADES
- ⅓ tasse de cognac
- ⅓ tasse de Sercial Madère sec
- ½ tasse chacun de carottes et d'oignons tranchés
- Un grand bouquet d'herbes : 4 brins de persil, 1 feuille de laurier, ½ cuillère à café de thym et 4 grains de poivre attachés dans une étamine lavée

FARCE LE VEAU
- 6 tranches ou plus de jambon bouilli de 1/16 de pouce d'épaisseur
- 12 tranches ou plus de fromage suisse de 1/16 de pouce d'épaisseur
- Si vous pouvez le trouver ou le commander : Un morceau de graisse de chou (caul de porc)
- Ficelle blanche épaisse

Faire dorer le rôti
- 3 cuillères à soupe de beurre
- 1 cuillère à soupe d'huile de cuisson
- Une cocotte couverte ou un rôtissoire suffisamment grand pour contenir la viande

RÔTI DU VEAU
- ½ cuillère à café de sel
- ⅛ cuillère à café de poivre
- 2 lanières de bacon mijotées 10 minutes dans 1 litre d'eau, rincées et séchées (ou une lanière de suif)
- Un morceau de papier d'aluminium

SAUCE ET SERVICE
- Un plat de service chaud
- 1 tasse de bouillon de bœuf ou de bouillon

- 1 cuillère à soupe de fécule de maïs mélangée dans un petit bol avec 2 cuillères à soupe de madère ou de bouillon
- 2 cuillères à soupe de beurre ramolli

INSTRUCTIONS:

a) Faites une série de coupes profondes et parallèles dans le rôti, espacées d'environ 1 pouce, en commençant par le haut du rôti et en suivant le sens du grain sur toute la longueur de la viande d'une extrémité à l'autre et jusqu'à ½ pouce du bas. du rôti. Vous aurez ainsi 3 ou 4 tranches de viande épaisses qui sont libres en haut et sur les côtés, mais qui sont toutes attachées ensemble en bas.

b) Si votre viande contient de nombreuses séparations musculaires, elle aura l'air très salissante, mais sera à nouveau liée plus tard. Si vous souhaitez faire mariner la viande, mélangez les ingrédients de la marinade dans un grand bol, ajoutez la viande et arrosez avec le liquide. Retourner et arroser toutes les heures environ pendant 6 heures au moins, ou toute la nuit, au réfrigérateur. Égouttez la viande et séchez-la soigneusement avant de passer à l'étape suivante.

c) Placez le rôti de manière à ce que son fond repose sur votre planche à découper. Couvrir entièrement chaque feuille de viande d'une couche de jambon entre deux couches de fromage, puis refermer les feuilles de viande ensemble pour reformer le rôti. (Si vous avez de la graisse de chou, enveloppez-y le rôti ; elle maintiendra la farce en place et fondra pendant la cuisson.) Attachez des boucles de ficelle autour de la viande pour la maintenir en forme. Séchez à nouveau le rôti dans du papier absorbant pour qu'il dore bien.

d) Préchauffer le four à 450 degrés.
e) Filtrez la marinade pour séparer les légumes du liquide (ou utilisez des légumes frais). Faites chauffer le beurre et l'huile dans la rôtissoire et faites cuire lentement les légumes marinés pendant 5 minutes. Poussez-les sur les côtés de la poêle, augmentez le feu à moyen-élevé, mettez-y le veau, côté non coupé vers le bas, et laissez le fond dorer pendant 5 minutes. Badigeonnez la poêle avec la graisse, puis placez la cocotte à découvert dans le tiers supérieur du four préchauffé pour dorer le dessus et les côtés de la viande pendant environ 15 minutes. Badigeonner de beurre toutes les 4 ou 5 minutes dans une cocotte. (Si vous avez utilisé de la graisse de calfeutrage, vous pouvez simplement faire dorer le rôti dans une poêle, si vous le souhaitez, puis passer à l'étape suivante en omettant le bacon blanchi.)
f) Baissez le four à 325 degrés. Versez le liquide de la marinade, si vous en avez utilisé, et assaisonnez la viande de sel et de poivre. Placez le bacon ou le suif sur la viande et le papier d'aluminium. Couvrez la cocotte et placez-la dans le tiers inférieur du four. Réglez la chaleur pour que la viande cuise lentement et régulièrement pendant environ 1h30. La viande est cuite lorsque, si on la pique profondément avec une fourchette, le jus devient jaune clair.
g) Retirer la viande du plat de service, jeter les ficelles et le bacon ou le suif.
h) Écumez le gras des jus dans la cocotte, versez le bouillon ou le bouillon et laissez mijoter en écumant le gras pendant une minute ou deux. Augmentez le feu et faites bouillir rapidement, en goûtant, jusqu'à ce que la saveur soit concentrée. Retirer du feu, incorporer le mélange de

fécule de maïs, puis faire bouillir en remuant pendant 2 minutes. Corriger soigneusement l'assaisonnement.

i) Retirer du feu et incorporer le beurre d'enrichissement jusqu'à ce qu'il soit absorbé. Filtrer dans un bol à sauce chaude et en verser un peu sur la viande.

48. Filets De Sole Sylvestre

INGRÉDIENTS:
LA BRUNOISE DE LÉGUMES AROMATIQUES
- Les éléments suivants coupés en dés de 1/16 de pouce, soit $1\frac{3}{4}$ tasse au total : 2 oignons moyens, 2 carottes moyennes, 1 branche de céleri moyenne, 8 tiges de persil
- Une petite casserole à couvercle épais
- 2 cuillères à soupe de beurre
- $\frac{1}{2}$ feuille de laurier
- $\frac{1}{4}$ cuillère à café d'estragon
- $\frac{1}{8}$ cuillère à café de sel
- Pincée de poivre
- $\frac{1}{4}$ livre. champignons frais coupés en dés de 1/16 de pouce

CUISSON DU POISSON
- 8 filets de sole, de plie ou de merlan mesurant 9 pouces sur 2 pouces (2 par personne)
- 1 tasse de vermouth français blanc sec
- Sel et poivre
- Un plat allant au four de 10 à 12 pouces, de $1\frac{1}{2}$ à 2 pouces de profondeur, beurré
- $\frac{1}{4}$ à $\frac{1}{2}$ tasse d'eau froide

SAUCE ET SERVICE
2 casseroles en inox ou émaillées
1 cuillère à soupe de beurre
1 cuillère à soupe de farine
1 cuillère à soupe de purée ou de concentré de tomates
4 cuillères à soupe ou plus de beurre ramolli

INSTRUCTIONS:
a) Après avoir coupé le premier groupe de légumes en dés les plus fins possibles, faites-les cuire à feu doux avec le beurre, les herbes et les assaisonnements pendant

environ 20 minutes. Ils doivent être parfaitement tendres et de couleur dorée la plus pâle. Ajoutez ensuite les champignons et faites cuire lentement encore 10 minutes.

b) Préchauffer le four à 350 degrés.

c) Entaillez légèrement le poisson du côté qui est près de la peau ; c'est le côté plutôt laiteux, et passer un couteau dessus coupe la membrane superficielle, empêchant ainsi le filet de s'enrouler à la cuisson. Salez et poivrez légèrement les filets, déposez une cuillerée de légumes cuits sur la moitié du côté rainuré et pliez-les en deux en forme de coin. Disposez le poisson en une seule couche dans le plat allant au four.

d) Versez le vermouth et ajoutez suffisamment d'eau froide pour recouvrir presque le poisson. (Si vous avez la structure du poisson [structure osseuse], posez-la sur le poisson.)

e) Couvrir de papier ciré. Si votre plat de cuisson est ignifuge, portez-le à ébullition sur le dessus de la cuisinière, puis placez-le dans le tiers inférieur du four préchauffé pendant environ 8 minutes. Sinon, mettez le plat directement au four pendant environ 12 minutes. Le poisson est cuit lorsqu'une fourchette perce facilement la chair et que la chair s'écaille à peine. Ne pas trop cuire. Garder au chaud dans le four éteint, porte entrouverte, pendant la préparation de la sauce.

f) Égoutter tout le liquide de cuisson dans l'une des casseroles et faire bouillir rapidement jusqu'à ce que le liquide soit réduit à environ ⅔ tasse. Dans l'autre casserole, faire fondre le beurre, incorporer la farine et cuire doucement sans colorer pendant 2 minutes. Retirer du feu et incorporer vigoureusement le liquide de cuisson réduit, puis l'arôme tomate.

g) Juste avant de servir, retirer du feu et incorporer le beurre ramolli, $\frac{1}{2}$ cuillère à soupe à la fois. (La sauce ne peut pas être réchauffée une fois le beurre entré.)

h) Égoutter à nouveau le poisson en ajoutant du liquide à la sauce. Verser la sauce sur le poisson et servir immédiatement.

49. Riz Etuvé au Beurre

INGRÉDIENTS:

- 1½ tasse de riz cru, propre et non lavé
- Une grande bouilloire contenant 7 à 8 litres d'eau bouillante rapidement
- 1½ cuillère à café de sel par litre d'eau
- 2 à 3 cuillères à soupe de beurre
- Sel et poivre
- Une casserole ou une cocotte épaisse de 3 litres
- Un rond de papier ciré beurré

INSTRUCTIONS:

a) Saupoudrez progressivement le riz dans l'eau bouillante salée, en ajoutant assez lentement pour que l'eau ne descende pas en dessous du point d'ébullition. Remuez une fois pour être sûr qu'aucun grain ne colle au fond de la bouilloire.

b) Faire bouillir à découvert et modérément rapide pendant 10 à 12 minutes. Commencez le test au bout de 10 minutes en mordant des grains de riz successifs. Lorsqu'un grain est juste assez tendre pour ne pas avoir de dureté au centre, mais qu'il n'est pas encore complètement cuit, égouttez le riz dans une passoire. Remuez-le sous l'eau chaude courante pendant une minute ou deux pour éliminer toute trace de farine de riz. (C'est cela, plus la surcuisson, qui rend le riz collant.)

c) Dans la casserole ou la cocotte, faites fondre le beurre et incorporez le sel et le poivre. Dès que le riz est lavé, retournez-le dans la poêle, mélangez-le avec une fourchette pour le mélanger avec le beurre et les assaisonnements.

d) Couvrir de papier ciré beurré, puis mettre le couvercle. Cuire à la vapeur sur de l'eau frémissante ou, toujours

dans l'eau, au four à 325 degrés pendant 20 à 30 minutes, jusqu'à ce que les grains aient gonflé et que le riz soit tendre. S'il n'est pas servi immédiatement, retirer du feu et réserver recouvert uniquement de papier ciré.
e) Pour réchauffer, couvrir et mettre sur de l'eau frémissante pendant environ 10 minutes. Ajoutez plus de sel et de poivre au goût juste avant de servir.

50. Risotto à la Piémontaise

INGRÉDIENTS:

2 cuillères à soupe de beurre
Une casserole à fond épais de 2 litres
1¼ tasse de riz blanc cru non lavé
¼ tasse de vermouth blanc sec
2½ tasses de bouillon de poulet ou de bouillon
Sel et poivre

INSTRUCTIONS:

Faire fondre le beurre à feu modéré. Ajoutez le riz et remuez lentement avec une fourchette en bois jusqu'à ce que les grains deviennent translucides, puis progressivement un blanc laiteux, environ 2 minutes.

Ajoutez le vermouth et laissez absorber, puis incorporez un tiers du bouillon de volaille ou du bouillon. Baisser le feu et laisser mijoter le riz au minimum pendant 3 à 4 minutes, en remuant de temps en temps. (Commencer à ce stade par le veau et poursuivre les deux opérations simultanément.)

Lorsque le liquide est absorbé, incorporez la moitié du bouillon restant et poursuivez la cuisson lentement en remuant de temps en temps avec votre fourchette en bois, et lorsque le liquide est à nouveau absorbé, ajoutez le reste du bouillon.

Quand celui-ci est enfin absorbé, goûtez le riz. S'il n'est pas aussi tendre que vous le souhaitez, ajoutez un peu plus de bouillon ou d'eau et couvrez la casserole pendant quelques minutes.

Le riz devrait prendre 15 à 18 minutes de cuisson totale. Assaisonner au goût avec du sel et du poivre. (Si cela est fait à l'avance, couvrir et réchauffer sur de l'eau chaude.)

51. Sauté De Veau (Ou De Porc) Aux Champignons

INGRÉDIENTS:

- 1½ à 2 livres. filet de veau ou de porc coupé en tranches de 3/4 de pouce
- Une poêle épaisse de 10 pouces
- 2 cuillères à soupe de beurre
- 1 cuillère à soupe d'huile de cuisson
- Une boîte de 8 à 10 onces de tiges et de morceaux de champignons
- ½ cuillère à café d'estragon, de thym ou d'un mélange d'herbes
- ¼ cuillère à café de sel ; pincée de poivre
- Facultatif : petite gousse d'ail écrasée
- 2 ou 3 cuillères à soupe d'oignons verts finement émincés
- ¼ tasse de Sercial Madère ou de vermouth français blanc sec

INSTRUCTIONS:

Séchez le veau ou le porc sur du papier absorbant. Faites chauffer l'huile et le beurre dans la poêle. Lorsque la mousse de beurre a presque disparu, ajoutez la viande et faites-la revenir à feu vif, en remuant fréquemment, jusqu'à ce qu'elle soit légèrement dorée de tous les côtés. Baisser le feu et poursuivre la cuisson, en remuant de temps en temps, jusqu'à ce que la viande se raidisse lorsqu'on la presse avec le doigt. (Le temps de cuisson total est de 7 à 10 minutes ; pendant cette période, vous aurez le temps de vous occuper du riz, de hacher les oignons verts et le persil et d'assembler la soupe.)

Égouttez les champignons et ajoutez-les à la viande. Saupoudrer d'herbes, de sel et de poivre; ajoutez l'ail facultatif et les oignons verts; mélanger un instant, puis verser le jus de champignons et le vin. Faire bouillir pour réduire de moitié. Réservez si vous n'êtes pas prêt à servir et réchauffez si nécessaire.

52. Bouillabaisse à La Marseillaise / Chaudrée de Poisson Méditerranéenne

INGRÉDIENTS :
LA BASE DE SOUPE
- 1 tasse d'oignons jaunes tranchés
- ¾ à 1 tasse de poireaux tranchés, partie blanche seulement ; ou ½ tasse d'oignons supplémentaires
- ½ tasse d'huile d'olive
- Une bouilloire ou une cocotte lourde de 8 litres
- 2 à 3 tasses de tomates fraîches hachées, ou 1¼ tasse de tomates en conserve égouttées, ou ¼ tasse de concentré de tomates
- 4 gousses d'ail écrasées
- 2½ litres d'eau
- 6 brins de persil
- 1 feuille de laurier
- ½ cuillère à café de thym ou de basilic
- ⅛ cuillère à café de fenouil
- 2 grosses pincées de safran
- Un morceau de 2 pouces ou ½ cuillère à café de zeste d'orange séché
- ⅛ cuillère à café de poivre
- 1 cuillère à soupe de sel (aucun si vous utilisez du jus de palourde)
- 3 à 4 livres. têtes, arêtes et parures de poisson, y compris les restes de coquillages ; ou, 1 litre de jus de palourde et 1½ litre d'eau, et sans sel

CUISINER LA BOUILLABAISSE
- La base de soupe
- 6 à 8 livres. assortiment de poissons maigres et de crustacés si vous le souhaitez, sélectionnés et préparés selon les instructions du début de la recette

PORTION
- Une plaque chauffante

- Une soupière ou une cocotte à soupe
- Rondes de pain français grillé
- ⅓ tasse de persil frais haché grossièrement

INSTRUCTIONS:
a) Faites revenir les oignons et les poireaux doucement dans l'huile d'olive pendant 5 minutes sans les colorer. Incorporer les tomates et l'ail et cuire encore 5 minutes.
b) Ajoutez l'eau, les herbes, l'assaisonnement et le jus de poisson ou de palourde dans la bouilloire. Porter à ébullition, écumer et cuire à découvert à petite ébullition pendant 30 à 40 minutes. Filtrer, assaisonner correctement. Réserver à découvert jusqu'à refroidissement si vous ne terminez pas la bouillabaisse immédiatement, puis réfrigérer.
c) Portez la base de soupe à ébullition rapide dans la bouilloire environ 20 minutes avant de servir. Ajoutez les homards, les crabes et les poissons à chair ferme. Ramenez rapidement à ébullition et faites bouillir rapidement, à découvert, pendant 5 minutes. Ajoutez ensuite le poisson à chair tendre, ainsi que les palourdes, les moules et les pétoncles. Remettre à ébullition pendant 5 minutes. Ne pas trop cuire.
d) Sortez immédiatement le poisson et disposez-le sur le plateau. Goûtez soigneusement la soupe pour l'assaisonnement, placez 6 à 8 tranches de pain dans la soupière et versez la soupe. Versez une louche de soupe sur le poisson et saupoudrez de persil sur le poisson et la soupe. Sers immédiatement.
e) A table, chaque convive se voit servir ou se sert du poisson et de la soupe en les plaçant dans une grande assiette creuse. Mangez la bouillabaisse avec une grande

cuillère à soupe et une fourchette, accompagnées de morceaux de pain français supplémentaires. Si vous souhaitez servir du vin, vous avez le choix entre un rosé, un vin blanc sec fort comme les Côtes du Rhône ou le Riesling, ou un rouge jeune et léger comme le Beaujolais ou le Rouge de Montagne domestique.

53. Salpicón De Volaille

INGRÉDIENTS :

- 3 cuillères à soupe de beurre
- Une grande poêle ou une casserole
- 3 à 4 cuillères à soupe d'échalotes ou d'oignons verts émincés
- 3 à 4 tasses de viande de poulet ou de dinde coupée en dés de $\frac{3}{8}$ pouce
- Environ 2 tasses de jambon cuit ou de langue en dés
- Sel et poivre
- $\frac{1}{2}$ cuillère à café d'estragon ou d'origan
- $\frac{1}{2}$ tasse de vermouth blanc sec
- Ajouts facultatifs : une tasse environ de champignons, concombres, poivrons verts, pois, asperges ou brocolis cuits ; 1 ou 2 œufs durs coupés en dés
- 2 à 3 tasses de sauce veloutée épaisse (voir note ci-dessous)

INSTRUCTIONS :

Faire fondre le beurre dans la casserole ou la poêle, incorporer les échalotes ou les oignons verts et cuire lentement pendant 1 minute. Incorporer le poulet ou la dinde, le jambon ou la langue, assaisonner de sel, de poivre et d'herbes. Augmentez le feu et mélangez pendant 2 minutes pour réchauffer la viande avec les assaisonnements. Versez le vin; faire bouillir rapidement jusqu'à ce que le liquide soit presque évaporé. Incorporez les ajouts facultatifs et suffisamment de sauce veloutée pour enrober tous les ingrédients. Goûtez soigneusement pour l'assaisonnement. S'il n'est pas utilisé immédiatement, filmez le dessus avec de la crème ou du beurre fondu et réchauffez si nécessaire.

54. Poulet Grillé Au Naturel / Poulet Grillé Nature

INGRÉDIENTS:

Un 2½ livres. poulet grillé
2 cuillères à soupe de beurre
1 cuillère à soupe d'huile de cuisson
Une lèchefrite peu profonde ou un plat allant au four
Sel
2 cuillères à soupe d'échalotes ou d'oignons verts émincés
½ tasse de bouillon de bœuf ou de poulet

INSTRUCTIONS:

Séchez soigneusement le poulet avec du papier absorbant. Faites fondre le beurre avec l'huile de cuisson, badigeonnez le poulet partout et disposez-le côté peau vers le bas dans la lèchefrite ou le plat allant au four. Placez le poulet de manière à ce que la surface de la viande soit à 5 à 6 pouces de l'élément chaud du gril ; le poulet doit cuire lentement et ne pas commencer à dorer avant 5 minutes. Après 5 minutes, badigeonner le poulet de beurre et d'huile; il devrait juste commencer à dorer. Réglez la chaleur en conséquence. Arrosez à nouveau de beurre et d'huile au bout de 5 minutes, et au bout de 15 minutes, arrosez une dernière fois, saupoudrez de sel et retournez le poulet côté peau vers le haut. Continuez à griller, en arrosant toutes les cinq minutes (en utilisant la graisse et le jus dans la poêle) pendant encore 15 minutes ou jusqu'à ce que les pilons soient tendres lorsqu'ils sont pressés et que le jus soit jaune clair lorsque la partie la plus charnue de la viande brune est profondément piquée.

Retirer le poulet dans une assiette chaude, écumer tout sauf 2 cuillères à soupe de graisse à badigeonner de la poêle et incorporer les échalotes ou les oignons verts. Cuire un instant sur le feu en remuant, puis ajouter le bouillon. Faire bouillir rapidement en raclant le jus de cuisson coagulé dans le bouillon jusqu'à ce que le liquide ait réduit à une consistance sirupeuse. Verser sur le poulet et servir. (Pour servir, coupez en deux dans le sens de la longueur jusqu'au sternum, puis soulevez chaque portion de cuisse et retirez-la de la poitrine.)

55. Poulet Grillé à La Diable

INGRÉDIENTS :

Un 2½ livres. poulet grillé
2 cuillères à soupe de beurre
1 cuillère à soupe d'huile de cuisson
3 cuillères à soupe de moutarde préparée de type Dijon (forte)
1½ cuillère à soupe d'échalotes ou d'oignons verts émincés
¼ cuillère à café de thym, basilic ou estragon
3 gouttes de sauce Tabasco
1 tasse de chapelure blanche fraîche (de pain de type maison)

INSTRUCTIONS :

Faites griller le poulet comme décrit dans la recette précédente, mais faites-le cuire 10 minutes seulement de chaque côté. Battre la moutarde, les échalotes ou les oignons verts, les herbes et le Tabasco dans un petit bol ; puis, goutte à goutte, incorporez la moitié de la graisse à badigeonner et du jus de la lèchefrite pour obtenir une sauce semblable à de la mayonnaise. Réservez le reste de la graisse et du jus pour plus tard.

Tartinez le dessous (pas le côté peau) du poulet avec la moitié du mélange de moutarde et recouvrez d'une couche de chapelure. Placer le poulet côté peau vers le bas sur une grille dans une lèchefrite et arroser avec la moitié du jus de cuisson réservé. Remettre le poulet sur le gril chaud pendant 5 à 6 minutes, jusqu'à ce que les miettes soient bien dorées. Retourner le poulet côté peau vers le haut, tartiner du reste de moutarde, couvrir de chapelure et arroser du reste de jus de cuisson. Remettre au gril pendant 5 à 6 minutes supplémentaires ou jusqu'à ce que le poulet soit cuit.

56. Pois Frais En Braisage / Pois Braisés avec Laitue

INGRÉDIENTS:

2 livres. petits pois frais (environ 3 tasses, écossés)
1 laitue Boston pommée moyenne, lavée et râpée
½ cuillère à café de sel
1 à 2 cuillères à soupe de sucre (selon la douceur des petits pois)
4 cuillères à soupe d'oignons verts émincés
4 cuillères à soupe de beurre ramolli
Une casserole à fond épais

INSTRUCTIONS:

Placez les petits pois et le reste des ingrédients dans une casserole et pressez-les grossièrement avec vos mains pour écraser légèrement les petits pois. Ajoutez de l'eau froide pour que les pois soient à peine couverts. Mettre sur feu modérément élevé, couvrir hermétiquement la casserole et faire bouillir pendant 20 à 30 minutes ; après environ 20 minutes, testez la tendreté des pois en en mangeant un. Continuez à faire bouillir jusqu'à ce que les pois soient tendres et que le liquide se soit évaporé. ajoutez 2 à 3 cuillères à soupe supplémentaires d'eau si nécessaire. Corriger l'assaisonnement et servir. (S'ils ne sont pas servis immédiatement, réserver à découvert. Réchauffer avec 2 cuillères à soupe d'eau, couvrir et faire bouillir pendant un moment ou deux, en remuant fréquemment, jusqu'à ce que les pois soient bien chauds.)

57. Potage Crème De Cresson / Velouté De Cresson

INGRÉDIENTS:
CUISSON DU CRESSS
- ½ tasse d'oignons émincés
- 3 cuillères à soupe de beurre
- Une casserole couverte de 3 litres
- 3 à 4 tasses emballées de feuilles de cresson frais et de tiges tendres, lavées et séchées dans une serviette
- ½ cuillère à café de sel

Mijoter
- 3 cuillères à soupe de farine
- 5½ tasses de bouillon de poulet bouillant

ENRICHISSEMENT FINAL
- 2 jaunes d'œufs mélangés dans un bol avec ½ tasse de crème épaisse
- 1 à 2 cuillères à soupe de beurre ramolli

INSTRUCTIONS:
a) Faites revenir les oignons lentement dans le beurre dans la casserole pendant environ 10 minutes. Lorsqu'il est tendre et translucide, incorporez le cresson et le sel, couvrez et faites cuire lentement pendant 5 minutes ou jusqu'à ce qu'il soit complètement fané.
b) Saupoudrer la farine dans le mélange de cresson et remuer à feu modéré pendant 3 minutes. Retirer du feu, incorporer le bouillon chaud et laisser mijoter 5 minutes. Réduire en purée au moulin, remettre dans la casserole et rectifier l'assaisonnement. Réserver juste avant de servir et réchauffer à nouveau jusqu'à ébullition.
c) Battez une tasse de soupe chaude goutte à goutte dans les jaunes et la crème, incorporez progressivement le reste de la soupe en un mince filet. Remettez la soupe dans la casserole et remuez à feu modéré pendant un

moment ou deux pour pocher les jaunes d'œufs, mais ne portez pas à ébullition. Retirer du feu et incorporer le beurre d'enrichissement une cuillère à soupe à la fois.

d) Pour servir froid, omettre l'enrichissement final en beurre et réfrigérer. S'il est trop épais, ajoutez plus de crème avant de servir.

58. Navarin Printanier / Ragoût d'agneau aux carottes

INGRÉDIENTS :
- Poitrine, pour le gras et la texture
- Épaule, pour pièces maigres et solides
- Côtes levées, pour la texture et la saveur
- Cou, pour la texture et la consistance de la sauce

Faire dorer l'agneau
- 3 livres. Viande de ragoût d'agneau
- 3 à 4 To d'huile de cuisson
- Une poêle de 10 à 12 pouces
- Une cocotte ignifuge ou un faitout de 5 à 6 litres
- 1 cuillère à soupe de sucre cristallisé
- 1 cuillère à café de sel
- ¼ cuillère à café de poivre
- 3 cuillères à soupe de farine

POITRINE
- 2 à 3 tasses de bouillon d'agneau ou de bœuf doré ou de bouillon de bœuf en conserve
- 3 tomates moyennes, pelées, épépinées, pressées et hachées ; ou 3 cuillères à soupe de concentré de tomate
- 2 gousses d'ail écrasées
- ¼ cuillère à café de thym ou de romarin
- 1 feuille de laurier

AJOUTER LES LÉGUMES RACINES
- 6 à 12 pommes de terre « bouillantes »
- 6 navets
- 6 carottes
- 12 à 18 petits oignons blancs d'environ 1 pouce de diamètre

AJOUTER LES LÉGUMES VERTS
- 1 tasse de pois verts écossés (environ ⅔ lb non écossés)
- 1 tasse de haricots verts (environ ¼ lb) coupés en morceaux de ½ pouce

- 3 à 4 litres d'eau bouillante
- 1½ à 2 cuillères à soupe de sel

INSTRUCTIONS :

a) Faites enlever tout excès de graisse ainsi que la membrane de recouvrement. Coupez la viande en cubes de 2 pouces pesant de 2 à 2½ onces. Tous les os laissés dans la viande donneront une saveur supplémentaire à la sauce ; la plupart d'entre eux peuvent être retirés avant de servir.

b) Séchez soigneusement les morceaux d'agneau dans du papier absorbant. Faites chauffer l'huile dans une poêle jusqu'à ce qu'elle soit presque fumante et faites dorer l'agneau de tous les côtés, quelques morceaux à la fois. Transférez l'agneau, au fur et à mesure qu'il est doré, dans la cocotte ou la cocotte.

c) Saupoudrer de sucre et faire revenir l'agneau à feu moyen-vif pendant 3 à 4 minutes, jusqu'à ce que le sucre soit doré et caramélisé, cela donnera une fine couleur ambrée à la sauce. Mélangez ensuite la viande avec les assaisonnements et la farine et faites cuire à feu modéré pendant 2 à 3 minutes, en remuant, pour faire dorer la farine.

d) Préchauffer le four à 350 degrés.

e) Versez la graisse de la poêle à brunir, versez 2 tasses de bouillon ou de bouillon et faites bouillir en raclant les jus de brunissement coagulés. Verser dans la cocotte sur l'agneau et porter à ébullition en secouant la cocotte pour mélanger. Ajoutez ensuite les tomates ou la pâte de tomates, l'ail, les herbes et suffisamment de bouillon ou de bouillon pour presque recouvrir l'agneau.

f) Portez à ébullition, couvrez la cocotte et laissez mijoter lentement sur le feu ou dans un four préchauffé pendant

1 heure. Versez ensuite le contenu de la cocotte dans une passoire posée au-dessus d'une casserole.

g) Rincer la cocotte. Retirez tous les os détachés et remettez l'agneau dans la cocotte. Dégraisser la sauce dans la poêle, rectifier l'assaisonnement et reverser la sauce sur la viande.

h) Épluchez les pommes de terre et coupez-les en ovales d'environ $1\frac{1}{2}$ pouces de long; placer dans l'eau froide. Peler et couper en quartiers les carottes et les navets ; couper en longueurs de $1\frac{1}{2}$ pouce. Épluchez les oignons et percez une croix dans les extrémités des racines pour qu'ils cuisent uniformément. Lorsque l'agneau est prêt, pressez les légumes dans la cocotte autour et entre les morceaux de viande et arrosez de sauce.

i) Porter à ébullition, couvrir et cuire environ une heure de plus ou jusqu'à ce que la viande et les légumes soient tendres lorsqu'on les pique avec une fourchette. Dégraisser, rectifier l'assaisonnement et ajouter les légumes verts préparés ainsi :

j) Plongez les petits pois et les haricots dans l'eau bouillante salée et faites bouillir rapidement, à découvert, pendant environ 5 minutes ou jusqu'à ce que les légumes soient presque tendres. Égoutter immédiatement dans une passoire, puis faire couler de l'eau froide dessus pendant 3 minutes pour arrêter la cuisson et fixer la couleur. Réserver jusqu'au moment de l'utiliser. (Le ragoût peut être préparé à l'avance à ce stade. Mettre la viande de côté, couvrir de travers. Porter à ébullition sur le feu avant de poursuivre la recette.)

PORTION

k) Peu avant de servir, placez les petits pois et les haricots dans la cocotte au-dessus des autres ingrédients et arrosez de sauce bouillonnante.
l) Couvrir et laisser mijoter environ 5 minutes, jusqu'à ce que les légumes verts soient tendres. Servez le ragoût dans sa cocotte ou disposez-le sur un plat chaud.
m) Accompagner de pain français chaud et d'un vin rouge du Beaujolais, de Bordeaux ou de Montagne, ou d'un rosé bien frais.

59.Oie Braisée Aux Pruneaux / Oie Braisée Farcie Aux Pruneaux

INGRÉDIENTS:
FARCE AUX PRUNEAUX ET FOIE
- 40 à 50 gros pruneaux
- Le foie d'oie émincé
- 2 cuillères à soupe d'échalotes ou d'oignons verts finement émincés
- 1 cuillère à soupe de beurre
- ⅓ tasse de porto
- ½ tasse (4 onces) de foie gras ou de pâte de foie en conserve
- Pincez chacun du piment de la Jamaïque et du thym
- Sel et poivre
- 3 à 4 cuillères à soupe de chapelure blanche sèche

PRÉPARER ET DORER L'OIE
- Un 9 livres. oie prête à cuire
- 1 cuillère à soupe de sel
- Une poêle à griller

BRASSER L'OIE
- Temps de cuisson estimé : 2 heures et 20 à 30 minutes.
- Le col de cygne, les extrémités des ailes, le gésier et le cœur
- ½ tasse chacun de carottes et d'oignons tranchés
- 2 cuillères à soupe de graisse d'oie
- Un rôtissoire couvert juste assez grand pour contenir l'oie
- ½ tasse de farine
- 2 tasses de vin rouge (comme le Beaujolais, le Médoc ou le California Mountain Red)
- Sel
- 1 cuillère à soupe de sauge
- 2 gousses d'ail
- 4 à 6 tasses de bouillon de bœuf ou de bouillon

INSTRUCTIONS:
a) Plongez les pruneaux dans l'eau bouillante et laissez-les tremper pendant 5 minutes ou jusqu'à ce qu'ils soient tendres. Retirez les noyaux aussi proprement que possible. Faire sauter le foie d'oie et les échalotes ou les oignons verts dans le beurre chaud pendant 2 minutes; gratter dans un bol à mélanger. Faites rapidement bouillir le porto dans une sauteuse jusqu'à ce qu'il soit réduit à 1 cuillère à soupe; gratter dans le bol à mélanger. Incorporer le foie gras ou la pâte de foie, le piment de la Jamaïque et le thym, et assaisonner selon votre goût. Si nécessaire, incorporez la chapelure par cuillerées jusqu'à ce que le mélange soit suffisamment ferme pour la farce. Incorporez $\frac{1}{2}$ cuillère à café dans chaque pruneau.

b) Découpez le triangle (pour une sculpture plus facile), coupez les ailes au niveau des coudes et retirez la graisse de l'intérieur de l'oie. Frottez la cavité avec du sel, farcissez-la légèrement de pruneaux et fermez-la. Piquer la peau à intervalles de $\frac{1}{2}$ pouce sur les côtés des seins, des cuisses et du dos. Placez l'oie dans une lèchefrite et faites-la dorer sous un gril moyennement chaud, en la retournant fréquemment, pendant environ 15 minutes, en retirant la graisse accumulée de la poêle si nécessaire.

c) Préchauffer le four à 350 degrés.

d) Coupez les abats en morceaux de 1 pouce, séchez-les et faites-les dorer avec les légumes dans la graisse d'oie chaude dans la rôtissoire à feu moyen-vif.

e) Baisser le feu, incorporer la farine et cuire en remuant pendant 3 minutes pour dorer légèrement. Retirer du feu; incorporer le vin. Salez l'oie et placez-la sur le côté dans la rôtissoire. Ajoutez de la sauge, de l'ail et suffisamment de bouillon de bœuf ou de bouillon pour atteindre la moitié de l'oie.

f) Portez à ébullition, couvrez et enfournez dans le tiers inférieur du four préchauffé. Réglez la chaleur pour que le liquide mijote lentement tout au long de la cuisson ; retourner l'oie de l'autre côté en 1 heure, puis sur le dos après 2 heures.

g) L'oie est cuite lorsque les pilons bougent légèrement dans les alvéoles et, lorsque la partie la plus charnue est percée, le jus devient jaune pâle. Ne pas trop cuire.

SAUCE ET SERVICE

h) Égoutter l'oie et la déposer sur une assiette chaude; coupez et jetez les cordes de serrage. Écumez autant de gras que possible de la sauce braisée; vous en aurez plusieurs tasses, que vous pourrez conserver pour faire sauter des pommes de terre, du poulet ou pour arroser des rôtis.

i) Versez environ 4 tasses de sauce à travers une passoire dans une casserole et écumez à nouveau le gras. Porter à ébullition, écumer et rectifier soigneusement l'assaisonnement. Verser un peu de sauce sur l'oie et verser le reste dans un bol à sauce chaud.

j) Servir avec des oignons et des châtaignes braisés, ou des choux de Bruxelles et une purée de pommes de terre ; Vin rouge de Bourgogne.

60. Rognons De Veau En Casserole / Rognons Au Beurre

INGRÉDIENTS:

- 4 cuillères à soupe de beurre
- Une sauteuse épaisse juste assez grande pour contenir confortablement les rognons en une seule couche
- 3 à 4 rognons de veau ou 8 à 12 rognons d'agneau
- 1 cuillère à soupe d'échalotes ou d'oignons verts émincés
- $\frac{1}{2}$ tasse de vermouth blanc sec
- 1 cuillère à soupe de jus de citron
- $1\frac{1}{2}$ cuillère à soupe de moutarde préparée type Dijon écrasée avec 3 cuillères à soupe de beurre ramolli
- Sel et poivre

INSTRUCTIONS:

Faites chauffer le beurre et lorsque la mousse commence à s'estomper, roulez les rognons dans le beurre, puis faites cuire à découvert en les retournant toutes les minutes ou deux. Réglez la chaleur pour que le beurre soit chaud mais ne brunisse pas. Un peu de jus sortira des reins. Les reins doivent se raidir mais ne pas devenir durs ; ils doivent dorer un peu et être roses au centre une fois tranchés. Durée : environ 10 minutes pour les rognons de veau ; 5, pour les rognons d'agneau. Retirer les rognons dans une assiette.

Incorporer les échalotes ou les oignons au beurre dans la poêle et cuire 1 minute. Ajouter le vermouth et le jus de citron. Faire bouillir rapidement jusqu'à ce que les liquides soient réduits à environ 4 cuillères à soupe. Retirer du feu et incorporer le beurre de moutarde et une pincée de sel et de poivre. Coupez les rognons en tranches transversales de $\frac{1}{8}$ de pouce d'épaisseur. Saupoudrez de sel et de poivre et retournez-les ainsi que leur jus dans la poêle.

Juste avant de servir, secouez et mélangez à feu modéré pendant une minute ou deux pour réchauffer sans faire bouillir.

Servir sur des assiettes très chaudes. S'il est utilisé comme plat principal plutôt que comme hors-d'œuvre chaud, accompagnez-le de pommes de terre sautées au beurre, d'oignons braisés et d'un vin rouge de Bourgogne.

61. Rognons de Veau Flambés / Rognons Sautés Flambés

INGRÉDIENTS :

- Une sauteuse assez grande pour contenir les rognons
- 3 à 4 rognons de veau ou 8 à 12 rognons d'agneau
- 4 cuillères à soupe de beurre
- ⅓ tasse de cognac
- ½ tasse de bouillon de bœuf mélangé avec 1 cuillère à café de fécule de maïs
- ⅓ tasse de Sercial Madère ou de porto
- ½ livre. champignons émincés, préalablement sautés au beurre avec 1 cuillère à soupe d'oignons verts ou d'échalotes émincés
- 1 tasse de crème épaisse
- Sel et poivre
- ½ cuillère à soupe de moutarde préparée de type Dijon mélangée avec 2 cuillères à soupe de beurre ramolli et ½ cuillère à café de sauce Worcestershire

INSTRUCTIONS :

Faire revenir les rognons entiers dans le beurre, comme dans la recette précédente. Si vous les terminez à table, apportez les rognons sautés dans le réchaud.

Versez le cognac sur les rognons. Chauffez jusqu'à bouillonnement, détournez votre visage et enflammez le liquide avec une allumette allumée. Secouez la poêle et arrosez les rognons avec un liquide enflammé jusqu'à ce que le feu s'éteigne. Retirer les rognons dans une assiette ou une planche à découper.

Versez le bouillon de bœuf et le vin dans la poêle; faire bouillir quelques minutes jusqu'à réduction et épaississement. Ajouter les champignons et la crème et faire bouillir encore quelques minutes ; la sauce doit être suffisamment épaisse pour enrober légèrement une cuillère.

Assaisonnez soigneusement avec du sel et du poivre. Retirer du feu et incorporer le mélange de moutarde.

Coupez les rognons en tranches transversales de $\frac{1}{8}$ de pouce d'épaisseur et assaisonnez légèrement de sel et de poivre. Remettez les rognons et le jus dans la poêle. Secouez et mélangez sur feu pour réchauffer les rognons sans les faire bouillir. Servir sur des assiettes très chaudes.

62. Carbonnade De Bœuf à La Provençale

INGRÉDIENTS:
- 3 livres. steak de paleron coupé en tranches d'environ $3\frac{1}{2}$ sur 2 sur $\frac{3}{8}$ pouces

LA MARINADE
- $\frac{1}{4}$ tasse de vinaigre de vin
- 1 cuillère à soupe d'huile d'olive
- 2 grosses gousses d'ail, pelées et hachées
- $\frac{1}{8}$ cuillère à café de poivre
- 2 cuillères à café de sel
- $\frac{3}{4}$ cuillère à café de sarriette
- $\frac{3}{4}$ cuillère à café de thym

LES OIGNONS
- Facultatif mais traditionnel : 4 onces (environ ⅔ tasse) de porc frais ou des tranches grasses et maigres d'un mégot de porc frais
- Une poêle épaisse
- 1 à 3 cuillères à soupe d'huile d'olive
- 5 à 6 tasses d'oignons émincés

PÂTISSERIE
- Une cocotte ignifuge de 6 litres
- 7 à 8 tasses de pommes de terre tout usage tranchées
- Sel et poivre
- Bouillon de boeuf
- $\frac{1}{4}$ tasse de parmesan (pour la dernière étape)

INSTRUCTIONS:
a) Mélangez la marinade dans un bol émaillé, en verre ou en acier inoxydable. Retourner et arroser la viande avec le liquide, couvrir et réfrigérer pendant 6 heures ou toute la nuit, en arrosant et en retournant la viande plusieurs fois.

b) Coupez le porc facultatif en morceaux de 1 pouce d'environ ¼ de pouce d'épaisseur. Faire revenir lentement dans une cuillère à soupe d'huile pour bien faire fondre le gras et faire dorer très légèrement. (Si le porc est omis, versez 3 cuillères à soupe d'huile dans votre poêle.) Incorporez les oignons, couvrez bien et faites cuire lentement pendant environ 20 minutes, en remuant de temps en temps jusqu'à ce que les oignons soient tendres et commencent tout juste à dorer.
c) Préchauffer le four à 350 degrés.
d) Égoutter la viande et assaisonner de sel et de poivre. Alterner les couches d'oignons et de viande dans la cocotte. Versez les ingrédients de la marinade, puis disposez dessus des couches de tranches de pommes de terre, en assaisonnant chacune de sel et de poivre. Versez suffisamment de bouillon pour couvrir la viande; porter à ébullition sur le feu.
e) Couvrir la cocotte et mettre au niveau moyen du four préchauffé pendant environ 1 heure, ou jusqu'à ce que la viande soit presque tendre lorsqu'on la pique avec une fourchette. Le moment dépendra de la qualité de la viande ; il cuit environ une demi-heure de plus dans l'étape finale.
f) Augmentez la chaleur du four à 425 degrés. Renversez la cocotte et versez la graisse accumulée. Saupoudrer le parmesan sur les pommes de terre et arroser d'une ou deux cuillerées de liquide de cuisson. (Si cela est fait avant ce point, réserver à découvert. Réchauffer pour laisser mijoter avant de continuer.)
g) Placer la cocotte découverte dans le tiers supérieur du four à 425 degrés et cuire au four pendant environ 30 minutes, pour dorer le dessus des pommes de terre et

réduire et épaissir le liquide de cuisson. Servir dans une cocotte.

63. Daube De Bœuf à La Provençale

INGRÉDIENTS :
- 3 livres. steak de paleron coupé en carrés de 2½ pouces et 1 pouce d'épaisseur

LA MARINADE
- 2 cuillères à soupe d'huile d'olive
- 1½ tasse de vermouth blanc sec
- ¼ tasse de cognac ou de gin
- 2 cuillères à café de sel
- ¼ cuillère à café de poivre
- ½ cuillère à café de thym ou de sauge
- 1 feuille de laurier
- 2 gousses d'ail pelées et émincées
- 2 tasses de carottes tranchées finement
- 2 tasses d'oignons émincés
- Faites mariner le bœuf comme indiqué dans la recette précédente.

ASSEMBLAGE
- Une cocotte ignifuge de 6 litres
- Sel, poivre, farine
- 1½ tasse de tomates fermes et mûres, pelées, épépinées, pressées et hachées
- 1½ tasse de champignons frais tranchés
- Facultatif : environ 8 tranches de porc frais de ¼ de pouce d'épaisseur ; ou des tranches grasses et maigres d'un mégot de porc frais
- Bouillon de boeuf si nécessaire

INSTRUCTIONS :
a) Grattez la marinade et assaisonnez légèrement la viande avec du sel et du poivre, puis roulez-la dans la farine et réservez-la sur du papier ciré. Égoutter le liquide de la

marinade dans un bol; mélanger les tomates et les champignons avec les légumes marinés.
b) Placer plusieurs lanières de porc facultatives au fond de la cocotte et recouvrir d'un tiers du mélange de légumes. Alternez ensuite avec des couches de viande et de légumes, en recouvrant la couche supérieure de légumes de tranches de porc facultatives. Versez le liquide de la marinade.

CUISINER ET SERVIR
c) Couvrir la cocotte, mettre sur feu modéré et laisser mijoter environ 15 minutes. Si les légumes n'ont pas rendu suffisamment de liquide pour recouvrir la viande, ajoutez un peu de bouillon. Couvrir et laisser mijoter pendant 1h30 à 2 heures, ou jusqu'à ce que la viande soit tendre lorsqu'on la pique avec une fourchette.
d) Renversez la cocotte, écumez le gras et goûtez pour l'assaisonnement. Si le liquide n'a pas réduit et épaissi, égouttez-le dans une casserole et épaississez avec une cuillère à soupe de fécule de maïs mélangée au bouillon.
e) Faire bouillir 2 minutes, puis verser dans une cocotte. (Si ce n'est pas servi immédiatement, laisser refroidir à découvert, puis couvrir et réfrigérer. Laisser mijoter à couvert pendant 5 minutes avant de servir.)

FILLIP PROVENÇAL FINAL
f) Pour plus de saveur, hachez ou réduisez en purée 2 gousses d'ail et placez-les dans un bol avec 3 à 4 cuillères à soupe de câpres égouttées. Écrasez ou écrasez-le en une pâte, puis incorporez 3 cuillères à soupe de moutarde forte de type Dijon.
g) Incorporer progressivement 3 cuillères à soupe d'huile d'olive pour obtenir une sauce épaisse ; incorporer $\frac{1}{4}$

tasse de basilic frais ou de persil émincé. Incorporer à la pâte finie juste avant de servir.

64. Potage Parmentier / Soupe de poireaux ou d'oignons et pommes de terre

INGRÉDIENTS:
CUISSON PRÉLIMINAIRE
- Une casserole ou un autocuiseur de 3 à 4 litres
- 3 à 4 tasses de pommes de terre pelées tranchées ou coupées en dés
- 3 tasses de poireaux ou d'oignons jaunes émincés
- 2 litres d'eau
- 1 cuillère à soupe de sel

ENRICHISSEMENT FINAL
- ⅓ tasse de crème épaisse ou 2 à 3 cuillères à soupe de beurre ramolli
- 2 à 3 cuillères à soupe de persil ou de ciboulette hachée

INSTRUCTIONS:
a) Soit laisser mijoter les légumes, l'eau et le sel ensemble, partiellement couverts, pendant 40 à 50 minutes jusqu'à ce que les légumes soient tendres ; ou faites cuire sous 15 livres de pression pendant 5 minutes, relâchez la pression et laissez mijoter à découvert pendant 15 minutes pour développer la saveur.

b) Écrasez les légumes de la soupe avec une fourchette ou passez la soupe au moulin. Assaisonnement correct.

c) Réserver à découvert jusqu'au moment de servir, puis réchauffer à ébullition.

d) Retirer du feu juste avant de servir et incorporer la crème ou le beurre par cuillerées.

e) Verser dans une soupière ou des tasses à soupe et décorer d'herbes.

65. Velouté De Volaille à La Sénégalaise

INGRÉDIENTS :
- 4 cuillères à soupe de beurre
- Une casserole à fond épais de 3 à 4 litres
- 1 To de poudre de curry
- 4 à 8 cuillères à soupe de farine (selon votre quantité de pommes de terre)
- 5 à 6 tasses de bouillon de volaille

INGRÉDIENTS CUITS OPTIONNELS
- Purée de pommes de terre, crème d'oignons, brocolis, concombres, carottes, petits pois, pointes d'asperges
- ½ tasse (plus ou moins) de crème épaisse
- Environ 1 tasse de viande de dinde cuite en dés ou en tranches fines
- 4 cuillères à soupe de persil ou de ciboulette frais émincés, ou 2 cuillères à soupe de cerfeuil ou d'estragon émincés

INSTRUCTIONS :

Faire fondre le beurre dans la casserole. Incorporer la poudre de curry et cuire lentement pendant 1 minute. (Si vous n'avez pas d'oignons cuits, ajoutez ½ tasse d'oignons crus émincés et laissez cuire environ 10 minutes sans brunir.) Incorporez la farine et faites cuire lentement pendant 2 minutes. Retirer du feu, laisser refroidir un instant, puis incorporer vigoureusement le bouillon de volaille chaud à l'aide d'un fouet métallique. Laisser mijoter en remuant avec un fouet pendant 1 minute. Si vous utilisez des oignons cuits, hachez-les et ajoutez-les à la soupe ; si vous utilisez de la purée de pommes de terre, battez-les cuillère à soupe à la fois jusqu'à ce que la soupe soit aussi épaisse que vous le souhaitez. Incorporer la crème par cuillerées en laissant mijoter lentement, puis assaisonner soigneusement selon votre goût. Incorporer la viande de dinde, les légumes facultatifs et les herbes, et porter à nouveau à ébullition juste avant de servir. (Si elle n'est pas servie immédiatement ou si elle doit être servie froide, filmez le dessus de la soupe avec du bouillon ou de la crème pour éviter la formation d'une peau. Réfrigérez si elle doit être servie froide ; vous souhaiterez peut-être incorporer plus de crème et garnir chaque bol avec plus de frais. herbes.)

SALADES ET ACCOMPAGNEMENTS

66. Salade Mimosa / Salade avec Vinaigrette, Oeuf Tamisé et Herbes

INGRÉDIENTS :

- Un œuf dur écalé dans une passoire
- 2 à 3 cuillères à soupe d'herbes vertes fraîches ou de persil
- Sel et poivre
- Une grosse tête de Boston
- laitue ou un mélange de légumes verts, séparés, lavés et séchés
- Un saladier
- ⅓ à ½ tasse de vinaigrette

INSTRUCTIONS :

Poussez l'œuf à travers le tamis avec vos doigts ; mélanger avec les herbes, saler et poivrer au goût. Juste avant de servir, mélangez la salade verte dans votre bol à salade avec la vinaigrette et saupoudrez du mélange d'œufs et d'herbes.

67. Pommes De Terre à l'Huile / Salade De Pommes De Terre Françaises

INGRÉDIENTS:

8 à 10 pommes de terre moyennes « bouillantes » (environ 2 lb)
Un bol à mélanger de 3 litres
2 cuillères à soupe de vin blanc sec ou de vermouth blanc sec
2 cuillères à soupe de bouillon de poulet
$\frac{1}{2}$ tasse de vinaigrette
2 cuillères à soupe d'échalotes ou d'oignons verts émincés
3 cuillères à soupe de persil haché

INSTRUCTIONS:

Faire bouillir ou cuire à la vapeur les pommes de terre dans leur veste jusqu'à ce qu'elles soient juste tendres. Peler et trancher encore chaud. Mélangez délicatement dans le bol avec le vin et le bouillon, et après quelques minutes, mélangez à nouveau. Lorsque le liquide a été absorbé par les pommes de terre, mélanger avec la vinaigrette, les échalotes ou les oignons verts et le persil.

Cette salade est délicieuse servie tiède avec des saucisses chaudes, ou vous pouvez la réfrigérer et la servir telle quelle, ou avec $\frac{1}{2}$ tasse de mayonnaise incorporée.

68. Salade Niçoise

INGRÉDIENTS:

3 tasses de haricots verts préalablement cuits dans un bol
3 tomates en quartiers dans un bol
$\frac{3}{4}$ à 1 tasse de vinaigrette
1 tête de laitue Boston, séparée, lavée et séchée
Un grand saladier ou un plat peu profond
3 tasses de salade de pommes de terre française froide (recette précédente)
$\frac{1}{2}$ tasse d'olives noires dénoyautées, de préférence de type méditerranéen sec
3 œufs durs, froids, écalés et coupés en quartiers
12 filets d'anchois en conserve, égouttés, plats ou roulés aux câpres
Environ 1 tasse (8 onces) de thon en conserve, égoutté

INSTRUCTIONS:

Mélangez les feuilles de laitue dans le bol à salade avec $\frac{1}{4}$ tasse de vinaigrette et placez les feuilles autour du bol.
Disposer les pommes de terre au fond d'un bol, décorer avec les haricots et les tomates en les intercalant avec un motif de thon, d'olives, d'œufs et d'anchois.
Versez le reste de la vinaigrette sur la salade, saupoudrez d'herbes et servez.

69. Gratin Dauphinois / Gratin de Pommes de Terre Gratinées

INGRÉDIENTS:

2 livres. pommes de terre "bouillantes", pelées
1 tasse de lait
Un plat allant au four ignifuge de 6 tasses, 2 pouces de profondeur
1 petite gousse d'ail écrasée
1 cuillère à café de sel
$\frac{1}{8}$ cuillère à café de poivre
3 à 4 cuillères à soupe de beurre

INSTRUCTIONS:

Préchauffer le four à 425 degrés.
Coupez les pommes de terre en tranches de $\frac{1}{8}$ de pouce d'épaisseur et déposez-les dans un bol d'eau froide. Portez le lait à ébullition dans un plat allant au four avec l'ail, le sel et le poivre. Égouttez les pommes de terre, ajoutez-les au lait bouillant et répartissez-y le beurre. Cuire au four préchauffé à mi-hauteur pendant environ 25 minutes, jusqu'à ce que le lait soit absorbé, que les pommes de terre soient tendres et que le dessus soit doré. (Si elles ne sont pas servies immédiatement, garder au chaud, à découvert, en ajoutant un peu plus de lait si les pommes de terre semblent sèches.)
Servir avec des rôtis, des steaks ou des côtelettes.

70. Gratin De Pommes De Terre Et Saucisson

INGRÉDIENTS:

3 tasses de pommes de terre tranchées et préalablement bouillies (environ 1 lb)
1 tasse d'oignons émincés, préalablement cuits au beurre
$\frac{1}{2}$ livre. saucisse polonaise tranchée
Un plat allant au four ou une assiette à tarte légèrement beurré, de 8 pouces de diamètre et 2 pouces de profondeur
3 oeufs
$1\frac{1}{2}$ tasse de crème légère
$\frac{1}{4}$ cuillère à café de sel
$\frac{1}{8}$ cuillère à café de poivre
$\frac{1}{4}$ tasse de fromage suisse râpé
1 cuillère à soupe de beurre

INSTRUCTIONS:

Préchauffer le four à 375 degrés.
Disposez les couches de pommes de terre, d'oignons et de saucisses dans un plat allant au four. Mélangez les œufs, la crème, le sel et le poivre dans un bol, versez dans un plat allant au four, saupoudrez de fromage et parsemez de beurre. Cuire au four dans le tiers supérieur du four préchauffé pendant 30 à 40 minutes, jusqu'à ce que le dessus soit bien doré.
Servir comme plat principal au déjeuner ou au dîner.

71.Purée De Pommes De Terre à L'Ail

INGRÉDIENTS:
LA SAUCE À L'AIL

2 têtes d'ail, environ 30 gousses
4 cuillères à soupe de beurre
Une casserole couverte de 3 à 4 tasses
2 cuillères à soupe de farine
1 tasse de lait chaud
$\frac{1}{4}$ cuillère à café de sel et une pincée de poivre

MÉLANGE AVEC LES POMMES DE TERRE

$2\frac{1}{2}$ livres. Pomme de terre au four
4 cuillères à soupe de beurre
Sel et poivre
3 à 4 cuillères à soupe de crème épaisse
$\frac{1}{4}$ tasse de persil frais émincé

INSTRUCTIONS:

Séparez les gousses d'ail et déposez-les dans l'eau bouillante; faire bouillir 2 minutes, égoutter et peler. Faites ensuite cuire l'ail lentement dans le beurre pendant environ 20 minutes dans la casserole couverte, jusqu'à ce qu'il soit très tendre mais pas du tout doré. Incorporer la farine, cuire lentement pendant 2 minutes. Retirer du feu, incorporer le lait chaud et les assaisonnements et faire bouillir en remuant pendant 1 minute. Si vous ne l'utilisez pas immédiatement, réservez-le et réchauffez-le plus tard.

Épluchez et coupez les pommes de terre en quartiers. Faites bouillir dans de l'eau salée ou faites cuire à la vapeur jusqu'à ce qu'ils soient juste tendres ; passer au presse-purée dans une casserole à fond épais. Remuer brièvement à feu moyen-vif jusqu'à ce que les pommes de terre filment le fond de la poêle, puis incorporer le beurre, saler et poivrer au goût. Gardez-les à découvert sur de l'eau frémissante jusqu'au moment de servir, mais plus tôt ils seront servis, mieux ce sera. Juste avant d'entrer dans la salle à manger, passez l'ail au tamis sur les pommes de terre ; incorporer la crème et le persil et verser dans un plat de service chaud et beurré.

72. Concombres Persillés, Ou à La Crème / Concombres à la crème

INGRÉDIENTS:
MACÉRER LES CONCOMBRES
6 concombres d'environ 8 pouces de long
2 cuillères à soupe de vinaigre de vin
1½ cuillère à café de sel
⅛ cuillère à café de sucre

CUISSON
2 à 3 cuillères à soupe de beurre
Une grande poêle ou une casserole émaillée à fond épais
Sel et poivre
2 cuillères à soupe d'échalotes ou d'oignons verts émincés
Facultatif : 1 tasse de crème épaisse mijotée de moitié dans une petite casserole
3 cuillères à soupe de persil frais haché

INSTRUCTIONS:
Épluchez les concombres, coupez-les en deux dans le sens de la longueur et récupérez les graines à l'aide d'une cuillère à café. Coupez en bandes dans le sens de la longueur d'environ ⅜ pouce de large, puis coupez les bandes en morceaux de 2 pouces. Mélanger dans un bol avec le vinaigre, le sel et le sucre et laisser reposer au moins 20 minutes. Égoutter et sécher dans du papier absorbant juste avant utilisation.

Faites chauffer le beurre jusqu'à ce qu'il bouillonne dans la poêle ou la casserole. Ajouter les concombres et les échalotes ou les oignons verts; cuire lentement, en remuant fréquemment, pendant environ 5 minutes, jusqu'à ce que les concombres soient tendrement croustillants mais pas dorés. Juste avant de servir, arrosez avec la crème facultative et le persil. Transformez en plat chaud.

73. Navets à La Champenoise / Casserole de Navets et Oignons

INGRÉDIENTS:

- 2½ livres. navets jaunes ou rutabagas (environ 8 tasses coupées en dés)
- ⅔ tasse de mégot de porc frais gras et maigre finement coupé ou d'accompagnement de porc ; ou 3 cuillères à soupe de beurre ou d'huile de cuisson
- ⅔ tasse d'oignons finement coupés
- 1 cuillère à soupe de farine
- ¾ tasse de bouillon de bœuf
- ¼ cuillère à café de sauge
- Sel et poivre
- 2 à 3 cuillères à soupe de persil frais émincé

INSTRUCTIONS:

Épluchez les navets, coupez-les en quartiers, puis en tranches de ½ pouce; couper les tranches en lanières de ½ pouce et les lanières en cubes de ½ pouce. Plonger dans de l'eau bouillante salée et faire bouillir à découvert pendant 3 à 5 minutes ou jusqu'à ce qu'ils soient légèrement tendres. Vidange.

Si vous utilisez le porc, faites-le revenir lentement dans une casserole de 3 litres jusqu'à ce qu'il soit très légèrement doré ; sinon, ajoutez le beurre ou l'huile dans la poêle. Incorporer les oignons, couvrir et cuire lentement pendant 5 minutes sans brunir. Incorporer la farine et cuire lentement pendant 2 minutes. Retirer du feu, incorporer le bouillon, remettre sur le feu et porter à ébullition. Ajoutez la sauge, puis incorporez les navets. Assaisonner au goût avec du sel et du poivre.

Couvrir la poêle et laisser mijoter lentement pendant 20 à 30 minutes ou jusqu'à ce que les navets soient tendres. Si la sauce est trop liquide, découvrez et faites bouillir lentement pendant plusieurs minutes jusqu'à ce que le liquide ait réduit et épaissi. Assaisonnement correct. (Peut être cuit à l'avance. Laisser refroidir à découvert ; couvrir et laisser mijoter quelques instants avant de servir.)

Pour servir, incorporez le persil et versez-le dans un plat de service chaud.

74. Asperges

INGRÉDIENTS:

1 boîte d'asperges coupées surgelées
2 cuillères à soupe de sel
2 cuillères à soupe de beurre dans une poêle
Sel et poivre

INSTRUCTIONS:

Laissez les asperges décongeler jusqu'à ce que les morceaux se séparent les uns des autres. Versez ensuite dans 4 litres d'eau bouillante rapidement. Ajoutez 2 cuillères à soupe de sel, portez rapidement à ébullition et faites bouillir à découvert pendant 3 ou 4 minutes, jusqu'à ce que les asperges soient à peine tendres. Vidange. Si vous ne les servez pas immédiatement, faites couler de l'eau froide sur les asperges pour arrêter la cuisson et fixer la couleur et la texture fraîches. Quelques minutes avant de servir, ajoutez délicatement 2 cuillères à soupe de beurre chaud pour terminer la cuisson. Assaisonner au goût avec du sel et du poivre.

75. Artichauts Au Naturel / Artichauts entiers bouillis

INGRÉDIENTS:
- Artichauts

INSTRUCTIONS:
PRÉPARATION À LA CUISSON

a) Un artichaut à la fois, retirez la tige en la pliant à la base de l'artichaut jusqu'à ce que la tige se détache, puis cassez les petites feuilles à la base. Coupez la base avec un couteau pour que l'artichaut tienne solidement debout.

b) Enfin, posez l'artichaut sur le côté et coupez trois quarts de pouce du dessus; coupez les pointes des feuilles restantes avec des ciseaux.

c) Lavez sous l'eau froide courante et déposez-le dans une bassine d'eau froide contenant 1 cuillère à soupe de vinaigre par litre. Le vinaigre empêche les artichauts de se décolorer avant de les cuire.

CUISSON

d) Plongez les artichauts préparés dans une grande bouilloire d'eau salée bouillante rapidement et recouvrez-les d'une double couche de gaze lavée pour garder les parties exposées humides pendant la cuisson. Cuire à découvert à ébullition lente pendant 35 à 45 minutes, selon la taille.

e) Les artichauts sont cuits lorsque les feuilles inférieures se détachent (mangez-en une à titre de test : environ un demi-pouce inférieur doit être tendre) et lorsqu'un couteau perce facilement le fond. Retirer immédiatement et égoutter à l'envers dans une passoire.

SERVIR ET MANGER

f) Tenez les artichauts debout et servez-les dans des assiettes de la taille d'une salade d'environ 8 pouces de diamètre ou dans des assiettes spéciales à artichauts. Pour manger un artichaut, arrachez une feuille et tenez son bout entre vos doigts. Trempez le bas de la feuille dans du beurre fondu ou dans l'une des sauces proposées, puis grattez sa chair tendre entre vos dents.

g) Après avoir parcouru les feuilles, vous arriverez au fond, que vous mangerez avec un couteau et une fourchette après avoir gratté et jeté l'étranglement ou la pousse centrale velue qui le recouvre.

SAUCES

h) Beurre fondu, beurre citronné ou hollandaise pour les artichauts chauds ou tièdes ; vinaigrette (vinaigrette française), sauce moutarde ou mayonnaise pour les artichauts froids.

76. Ratatouille

INGRÉDIENTS:
SALON PRÉLIMINAIRE
- ½ livre. Aubergine
- ½ livre. courgettes
- Un bol à mélanger de 3 litres
- 1 cuillère à café de sel

SAUTER
- 4 cuillères à soupe ou plus d'huile d'olive
- Une poêle à frire émaillée ou antiadhésive de 10 à 12 pouces
- ½ livre. (1½ tasse) d'oignons tranchés
- 1 tasse de poivrons verts tranchés (environ 2 poivrons)
- 2 gousses d'ail écrasées
- Sel et poivre
- 1 livre. tomates pelées, épépinées et pressées (1½ tasse de pulpe) ou 1 tasse de tomates en forme de poire en conserve égouttées
- 3 cuillères à soupe de persil haché

ASSEMBLAGE ET CUISSON
- Une cocotte ignifuge de 2½ litres de 2 pouces de profondeur

INSTRUCTIONS:

a) Épluchez l'aubergine et coupez-la en tranches dans le sens de la longueur de ⅜ pouce d'épaisseur. Frottez les courgettes sous l'eau froide, coupez et jetez les deux extrémités, puis coupez les courgettes en morceaux de ⅜ pouce d'épaisseur dans le sens de la longueur. Mélangez les légumes dans un bol avec le sel et laissez reposer 30 minutes. vidange; sécher dans une serviette.

b) Faites chauffer l'huile d'olive dans la poêle, puis faites revenir les tranches d'aubergines et de courgettes jusqu'à ce qu'elles soient légèrement dorées des deux côtés. Retirer sur le plat d'accompagnement. Ajoutez plus d'huile si nécessaire et faites cuire lentement les oignons et les poivrons jusqu'à ce qu'ils soient tendres. Incorporer l'ail et assaisonner de sel et de poivre. Coupez la pulpe de tomate en lanières et placez-la sur les oignons et les poivrons.

c) Couvrir la poêle et cuire pendant 5 minutes, puis découvrir, augmenter le feu et faire bouillir pendant plusieurs minutes jusqu'à ce que le jus de tomate soit presque complètement évaporé. Assaisonnez avec du sel et du poivre; incorporer le persil.

d) Versez un tiers du mélange de tomates au fond de la cocotte. Disposez dessus la moitié des aubergines et des courgettes, puis la moitié des tomates restantes. Couvrir avec le reste des aubergines et des courgettes, ainsi que le reste du mélange de tomates. Couvrir la cocotte et laisser mijoter à feu doux pendant 10 minutes. Découvrir, renverser la cocotte, l'arroser du jus fondu et rectifier l'assaisonnement si nécessaire. Augmentez légèrement le feu et faites bouillir lentement jusqu'à ce que les jus soient presque entièrement évaporés.

e) Servir chaud avec des rôtis, des steaks, des hamburgers, du poisson grillé.

f) Servir froid avec de la charcuterie et du poisson, ou en apéritif froid.

77. Moussaka

INGRÉDIENTS:
SALON PRÉLIMINAIRE ET CUISSON DE L'AUBERGINE
- 5 livres. d'aubergines (4 à 5 aubergines, chacune de 7 à 8 pouces de long)
- 1 cuillère à soupe de sel
- 2 cuillères à soupe d'huile d'olive
- Une rôtissoire peu profonde
- 1 cuillère à soupe d'huile d'olive
- Un bol à mélanger de 3 litres

ASSEMBLAGE ET CUISSON
- Un plat allant au four cylindrique légèrement huilé de 2 litres, de $3\frac{1}{2}$ à 4 pouces de profondeur et 7 pouces de diamètre
- $2\frac{1}{2}$ tasses d'agneau cuit haché
- ⅔ tasse d'oignons émincés, préalablement cuits au beurre
- 1 tasse de champignons émincés, préalablement cuits au beurre
- 1 cuillère à café de sel
- $\frac{1}{8}$ cuillère à café de poivre
- $\frac{1}{2}$ cuillère à café de thym
- $\frac{1}{2}$ cuillère à café de romarin moulu
- 1 petite gousse d'ail écrasée
- ⅔ tasse de bouillon de bœuf ou bouillon mijoté 2 minutes avec $\frac{1}{2}$ cuillère à soupe de fécule de maïs
- 3 To de concentré de tomate
- 3 œufs (classés « gros » aux États-Unis)
- Une casserole d'eau bouillante
- Un plat de service

INSTRUCTIONS:
a) Préchauffer le four à 400 degrés.

b) Retirez les chapeaux verts et coupez les aubergines en deux dans le sens de la longueur. faites de profondes entailles dans la chair de chaque moitié. Saupoudrer de sel et laisser reposer 30 minutes. Essorez l'eau, côté chair sèche, et badigeonnez d'huile d'olive.
c) Versez ½ pouce d'eau dans une rôtissoire, ajoutez les aubergines, côté chair vers le haut, et faites cuire 30 à 40 minutes dans un four préchauffé ou jusqu'à ce qu'elles soient tendres. Retirez la chair en laissant la peau des aubergines intacte (utilisez une cuillère ou un couteau à pamplemousse).
d) Hachez la chair et faites-la revenir une minute ou deux dans l'huile d'olive chaude. Verser dans le bol à mélanger.
e) Tapisser le moule de peaux d'aubergines, les extrémités pointues se rejoignant au centre et en bas du moule, les côtés violets contre le moule. Battez tous les ingrédients ci-dessus dans l'aubergine hachée, transformez-la dans un moule tapissé et repliez les peaux d'aubergines pendantes sur la surface. Couvrir de papier d'aluminium et d'un couvercle. Cuire au four dans une casserole d'eau bouillante au four à 375 degrés pendant 1h30. Laisser refroidir 10 minutes puis démouler sur un plat de service.
f) Servir chaud avec de la sauce tomate, du riz vapeur, du pain français et du vin rosé.
g) Servir froid avec une salade de tomates, du pain français et du vin rosé.

78. Laitues Braisées

INGRÉDIENTS:
- 2 laitue Boston de taille moyenne ;
- 1 tête de scarole ou de chicorée

LA LESSIVE
- Une grande bouilloire contenant 7 à 8 litres d'eau bouillante
- $1\frac{1}{2}$ cuillère à café de sel par litre d'eau
- Sel et poivre

POITRINE
- Pour 6 têtes de chicorée ou scarole ; 12 têtes de laitue Boston
- Une cocotte ignifuge de 12 pouces avec couvercle
- 6 tranches épaisses de bacon, préalablement mijotées 10 minutes dans 2 litres d'eau, puis égouttées
- 2 cuillères à soupe de beurre
- $\frac{1}{2}$ tasse d'oignons tranchés
- $\frac{1}{2}$ tasse de carottes tranchées
- Facultatif : $\frac{1}{2}$ tasse de vermouth blanc sec
- Environ 2 tasses de bouillon de bœuf

SAUCE ET SERVICE
- Un plat de service chaud
- 1 cuillère à café de fécule de maïs mélangée à 1 cuillère à soupe de vermouth ou de bouillon froid
- 1 cuillère à soupe de beurre

INSTRUCTIONS:
a) Coupez les tiges de la laitue et retirez les feuilles fanées. En tenant la laitue par le bout de la tige, pompez doucement de haut en bas dans une bassine d'eau froide pour éliminer toute la saleté.
b) Plongez 2 ou 3 têtes de laitue lavée dans l'eau bouillante et faites bouillir lentement, à découvert, 3 à 5 minutes

jusqu'à ce que la laitue soit molle. Retirez la laitue molle, plongez-la dans l'eau froide et continuez avec le reste. Une à la fois, pressez doucement mais fermement les têtes dans les deux mains pour éliminer le plus d'eau possible. Couper les grosses têtes en deux dans le sens de la longueur; laisser les petites têtes entières.

c) Saupoudrez de sel et de poivre; pliez les têtes en deux sur la largeur pour créer des formes triangulaires.

d) Un bouquet d'herbes moyen : 4 brins de persil, $\frac{1}{4}$ cuillère à café de thym et une feuille de laurier nouée dans une étamine lavée

e) Préchauffer le four à 325 degrés.

f) Dans la cocotte faire revenir les lardons dans le beurre pendant une minute ou deux pour les faire dorer très légèrement. Retirer le bacon, incorporer les oignons et les carottes et cuire lentement pendant 8 à 10 minutes jusqu'à ce qu'ils soient tendres mais pas dorés. Retirez la moitié des légumes, disposez la laitue sur le reste, puis recouvrez avec les légumes cuits et les lardons.

g) Versez le vermouth facultatif et suffisamment de bouillon pour couvrir à peine la laitue. Portez à ébullition, placez un morceau de papier ciré sur la laitue, couvrez la cocotte et faites cuire au milieu d'un four préchauffé. La laitue doit mijoter très lentement pendant environ 2 heures. (Peut être cuit à l'avance jusqu'à ce point ; réchauffer avant l'étape suivante.)

h) Retirer la laitue dans le plat de service. Faites bouillir rapidement le liquide de cuisson, si nécessaire, jusqu'à environ $\frac{1}{2}$ tasse. Retirer du feu. Incorporer le mélange de fécule de maïs au liquide de cuisson et laisser mijoter en remuant pendant 2 minutes. Retirer du feu, incorporer le beurre, verser sur la laitue et servir.

79. Choucroute Braisée à l'Alsacienne / Choucroute Braisée

INGRÉDIENTS:
CUISSON PRÉLIMINAIRE
- ½ livre. bacon tranché épais
- Une cocotte ignifuge de 2½ à 3 litres avec couvercle
- 3 cuillères à soupe de graisse d'oie ou de porc fondue ou d'huile de cuisson
- ½ tasse de carottes tranchées
- 1 tasse d'oignons tranchés

POITRINE
- 4 brins de persil, 1 feuille de laurier, 6 grains de poivre et, si disponibles, 10 baies de genièvre, le tout ficelé dans une étamine lavée
- Facultatif : 1 tasse de vin blanc sec ou ¾ tasse de vermouth blanc sec
- 3 à 4 tasses de bouillon de poulet
- Sel

INSTRUCTIONS:
a) Coupez le bacon en morceaux de 2 pouces, laissez mijoter 10 minutes dans 2 litres d'eau, égouttez et séchez. Dans la cocotte, faire revenir lentement les lardons dans la graisse ou l'huile avec les légumes pendant 10 minutes sans les colorer. Incorporer la choucroute, mélanger pour couvrir avec la graisse et les légumes, couvrir la cocotte et cuire lentement pendant 10 minutes.

b) Préchauffer le four à 325 degrés pour l'étape suivante.)

c) Enterrez le sachet d'herbes et d'épices dans la choucroute. Versez le vin facultatif et suffisamment de bouillon de poulet pour recouvrir la choucroute.

d) Portez à ébullition, assaisonnez légèrement de sel, posez un morceau de papier ciré sur la choucroute, couvrez la cocotte et placez-la à mi-hauteur d'un four préchauffé.

e) La choucroute doit mijoter très lentement pendant environ 4 heures et doit absorber tout le liquide de cuisson au moment où elle est cuite.

80. Champignons Sautés Au Beurre / Champignons Sautés

INGRÉDIENTS :

- Une poêle antiadhésive de 10 pouces
- 2 cuillères à soupe de beurre
- 1 cuillère à soupe d'huile d'olive légère ou d'huile de cuisson
- ½ livre. champignons frais, lavés et séchés (petits champignons entiers, ou champignons tranchés ou quartiers)
- 1 à 2 cuillères à soupe d'échalotes ou d'oignons verts émincés
- Facultatif : 1 gousse d'ail écrasée, 2 à 3 cuillères à soupe de persil émincé
- Sel et poivre

INSTRUCTIONS :

Placez la poêle sur feu vif et ajoutez le beurre et l'huile. Dès que vous voyez la mousse de beurre commencer à s'atténuer, ajoutez les champignons. Remuer et secouer la poêle fréquemment pour que les champignons cuisent uniformément. Au début, les champignons absorberont la graisse de la poêle ; au bout de quelques minutes, la graisse réapparaîtra à la surface et les champignons commenceront à dorer. Lorsqu'elles sont légèrement dorées, ajoutez les échalotes ou les oignons verts et l'ail facultatif. Remuer encore un instant et retirer du feu. Réchauffer et assaisonner au goût avec du sel, du poivre et du persil facultatif juste avant de servir.

81. Simili Sauce Hollandaise (Bâtarde)

INGRÉDIENTS :

- 3 cuillères à soupe de beurre ramolli ou fondu
- 3 cuillères à soupe de farine
- 1¼ tasse d'eau chaude pour la cuisson des légumes ou du lait
- 1 jaune d'oeuf mélangé dans un bol avec ¼ tasse de crème épaisse
- Sel et poivre
- 1 à 2 cuillères à soupe de jus de citron
- 2 cuillères à soupe ou plus de beurre ramolli

INSTRUCTIONS :

a) Mélangez le beurre et la farine dans une petite casserole avec une spatule en caoutchouc.

b) À l'aide d'un fouet, incorporer le liquide chaud, puis porter à ébullition en battant lentement.

c) Au compte-gouttes, incorporer cette sauce piquante au jaune d'œuf et à la crème, reverser dans la casserole et porter à ébullition en remuant.

d) Retirer du feu et assaisonner au goût avec du sel, du poivre et du jus de citron. S'il n'est pas servi immédiatement, nettoyez les côtés du moule avec une spatule en caoutchouc et parsemez le dessus de la sauce de beurre ramolli pour éviter la formation d'une peau.

e) Réchauffer juste avant de servir, retirer du feu et incorporer le beurre ramolli par cuillères à soupe.

82. Creme Anglaise (Sauce à la crème française)

INGRÉDIENTS :

- 3 jaunes d'œufs
- Une casserole de 1½ litre en acier inoxydable ou émaillée
- ⅓ tasse de sucre cristallisé
- 1¼ tasse de lait chaud
- 2 cuillères à café d'extrait de vanille
- Facultatif : 1 cuillère à soupe de rhum
- 1 cuillère à soupe de beurre ramolli

INSTRUCTIONS :

a) Battre les jaunes d'œufs dans la casserole jusqu'à ce qu'ils soient épais et collants (1 minute), incorporer progressivement le sucre, puis incorporer le lait chaud par gouttelettes.

b) Remuer à feu moyen-doux avec une cuillère en bois jusqu'à ce que la sauce épaississe suffisamment pour recouvrir la cuillère. Ne laissez pas la sauce s'approcher du point de ébullition, sinon les jaunes d'œufs cailleront.

c) Retirer du feu et incorporer la vanille, puis le rhum facultatif et le beurre. Servir tiède ou frais.

83. Champignons à la crème

INGRÉDIENTS:

- $\frac{3}{4}$ livre. champignons frais finement émincés
- 2 cuillères à soupe de beurre et 1 cuillère à soupe d'huile de cuisson
- 2 cuillères à soupe d'échalotes ou d'oignons verts émincés
- 2 cuillères à soupe de farine
- Environ $\frac{1}{2}$ tasse de crème moyenne
- Sel et poivre

INSTRUCTIONS:

Faire revenir les champignons dans le beurre chaud et l'huile pendant plusieurs minutes, jusqu'à ce que les morceaux commencent à se séparer les uns des autres. Incorporer les échalotes ou les oignons verts et cuire encore un instant. Baisser le feu, incorporer la farine et cuire en remuant pendant 2 minutes. Retirer du feu et incorporer la moitié de la crème. Laisser mijoter un instant en remuant et en ajoutant de la crème par cuillerées. Les champignons doivent simplement conserver leur forme lorsqu'ils sont soulevés dans une cuillère. Assaisonnez soigneusement avec du sel et du poivre. Réchauffer juste avant de servir.

84. Sauce Mousseline Sabayon

INGRÉDIENTS:
- ¼ tasse de liquide de cuisson de poisson réduit
- 3 To de crème épaisse
- 4 jaunes d'œufs
- Une casserole émaillée de 6 tasses et un fouet métallique
- 1½ à 2 bâtonnets (6 à 8 onces) de beurre ramolli
- Sel, poivre blanc et gouttes de jus de citron

INSTRUCTIONS:
a) Mélangez le bouillon de poisson, la crème et les jaunes d'œufs dans la casserole à l'aide d'un fouet.

b) Remuez ensuite à feu doux jusqu'à ce que le mélange épaississe lentement pour former une crème légère qui recouvre les fils du fouet. Faites attention à ne pas surchauffer, sinon les jaunes d'œufs se brouilleront, mais vous devez les chauffer suffisamment pour épaissir.

c) Retirer du feu et commencer immédiatement à incorporer le beurre, une cuillère à soupe à la fois. La sauce va progressivement s'épaissir pour devenir une crème épaisse.

d) Assaisonner au goût avec du sel, du poivre et des gouttes de jus de citron. Conserver sur de l'eau tiède (et non chaude) jusqu'au moment de l'utiliser.

DESSERTS

85. Pate Feuilletée / Pâte Feuilletée Française

INGRÉDIENTS:
- 3 à 4 coquilles de galette, ou 8 coquilles de galette de trois pouces et
- 8 coquilles d'apéritif de deux pouces

LA DÉTREMPE
- 1 tasse de farine tout usage ordinaire et $3\frac{3}{4}$ tasses de farine à pâtisserie (mesurer en tamisant directement dans des tasses à mesurer sèches et en balayant l'excédent)
- Un bol à mélanger
- 6 cuillères à soupe de beurre non salé réfrigéré
- 2 cuillères à café de sel dissous dans $\frac{3}{4}$ tasse d'eau très froide (plus d'eau par gouttelettes si nécessaire)

LE PAQUET
- 2 bâtonnets ($\frac{1}{2}$ lb) de beurre non salé réfrigéré

INSTRUCTIONS:

a) Mettez la farine dans le bol, ajoutez le beurre et frottez rapidement du bout des doigts ou travaillez avec un mixeur à pâtisserie, jusqu'à ce que le mélange ressemble à une farine grossière.

b) Incorporez rapidement l'eau avec les doigts légèrement en coupe d'une main, en pressant fermement le mélange et en ajoutant plus d'eau par gouttelettes pour obtenir une pâte ferme mais souple.

c) Pétrir brièvement pour obtenir un gâteau de 6 pouces de diamètre, en travaillant le moins possible la pâte. Envelopper dans du papier ciré et réfrigérer pendant 30 à 40 minutes. Étalez ensuite en un cercle de 10 pouces.

d) Battre et pétrir le beurre jusqu'à ce qu'il soit parfaitement lisse, sans grumeaux, malléable, mais encore froid. Façonner un carré de 5 pouces et placer au milieu du cercle de pâte. Remontez les bords de la pâte sur le beurre pour l'enfermer complètement. Sceller les bords avec les doigts.

e) Farinez légèrement et étalez rapidement en un rectangle uniforme d'environ 16 x 6 pouces. Comme pour plier une lettre, ramenez le bord inférieur vers le milieu et le bord supérieur vers le bas pour la recouvrir, en formant trois couches égales.

f) Retournez la pâte de manière à ce que le bord supérieur soit à votre droite, roulez à nouveau la pâte en rectangle. Pliez en trois, enveloppez dans du papier ciré et un sac en plastique ; et réfrigérer 45 minutes à 1 heure.

g) Répétez avec deux autres rouleaux et plis ; refroidissez à nouveau, puis terminez les deux derniers rouleaux et plis, soit six en tout. (C'est ce qu'on appelle des tours.)

h) Après un dernier refroidissement de 45 à 60 minutes, la pâte feuilletée est prête à être façonnée. Bien emballée, la pâte peut être réfrigérée pendant plusieurs jours ou congelée.

86. Vol-au-Vent / Grande Coquille de Patty

INGRÉDIENTS:
- Pâte feuilletée (recette précédente)
- Glaçage aux œufs (1 œuf battu avec 1 cuillère à café d'eau)

INSTRUCTIONS:

a) Rouler la pâte feuilletée réfrigérée en un rectangle d'environ $\frac{3}{8}$ de pouce d'épaisseur, 18 pouces de long et 10 pouces de large. Découpez 2 cercles de sept à huit pouces dans la pâte en les centrant bien sur la pâte pour qu'ils ne touchent pas les bords.

b) Faites couler de l'eau froide sur une plaque à pâtisserie. Placer un cercle de pâte au centre, peindre sur sa circonférence supérieure avec de l'eau froide. Découpez un cercle de 5 à 6 pouces à partir du centre du deuxième cercle, formant ainsi un anneau et un cercle plus petit. Posez l'anneau sur le premier cercle en scellant les deux morceaux de pâte entre eux avec vos doigts. Vous disposez maintenant d'un cylindre plat de deux couches. Piquez tout le centre de la couche inférieure avec une fourchette pour éviter que le centre ne remonte pendant la cuisson.

c) Étalez le plus petit cercle et coupez-le en un cercle de 7 à 8 pouces pour former un couvercle pour le cylindre de pâtisserie. Mouillez le haut du cylindre avec de l'eau froide et appuyez sur le dernier cercle pour le mettre en place.

d) Scellez les trois couches de pâte ensemble avec le bord arrière d'un couteau, en le tenant verticalement et en appuyant sur les bords de la pâte tous les $\frac{1}{8}$ de pouce tout autour. Réfrigérer 30 minutes avant la cuisson. Juste avant la cuisson, peignez le dessus avec du glaçage aux œufs et passez les dents d'une fourchette sur la surface vitrée pour faire des hachures décoratives.

e) Cuire au four 20 minutes à mi-hauteur d'un four préchauffé à 400 degrés. Lorsqu'il a environ triplé de hauteur et commence à bien dorer, baissez le feu à 350 degrés et faites cuire au four 30 à 40 minutes de plus, jusqu'à ce que les côtés soient dorés et croustillants.

f) Coupez sous le couvercle supérieur, retirez-le et sortez la pâte non cuite de la coque avec une fourchette. Cuire au four à découvert 5 minutes de plus pour sécher l'intérieur, puis laisser refroidir sur une grille. Réchauffez pendant plusieurs minutes à 400 degrés avant de servir avec la garniture chaude de votre choix.

87. Crème Chantilly / Crème Légèrement Chantilly

INGRÉDIENTS :

- ½ pinte (1 tasse) de crème épaisse ou fouettée réfrigérée
- Un bol réfrigéré de 3 litres
- Un grand fouet métallique, réfrigéré
- 2 cuillères à soupe de sucre glace tamisé
- 1 à 2 cuillères à soupe de liqueur ou 1 cuillère à café d'extrait de vanille
- 2 épaisseurs de gaze lavée et humide placée dans un tamis au-dessus d'un bol

INSTRUCTIONS :

Versez la crème dans le bol refroidi et battez lentement avec le fouet jusqu'à ce que la crème commence à mousser. Augmentez progressivement la vitesse de battage jusqu'à modérée et continuez jusqu'à ce que le batteur laisse de légères traces sur la surface de la crème et qu'un peu soulevé et lâché conservera doucement sa forme. (Par temps chaud, il est préférable de battre sur de la glace pilée.) Incorporer délicatement le sucre tamisé et les arômes. Si vous préparez la crème à l'avance, transformez-la dans une passoire recouverte d'une étamine et réfrigérez-la ; la crème restera battue et le délicieux liquide qui s'est infiltré au fond du bol pourra servir à autre chose.

88. Crème Renversée Au Caramel / Crème Caramel Moulé

INGRÉDIENTS:

- 5 œufs (classés « gros » aux États-Unis)
- 4 jaunes d'œufs
- Un bol à mélanger de $2\frac{1}{2}$ litres et un fouet métallique
- $\frac{3}{4}$ tasse de sucre cristallisé
- $3\frac{3}{4}$ tasses de lait frémissant
- Une gousse de vanille trempée 10 minutes dans le lait chaud, ou $1\frac{1}{2}$ cuillère à café d'extrait de vanille
- Un moule cylindrique ou un plat allant au four caramélisé de 6 tasses d'environ $3\frac{1}{2}$ pouces de profondeur
- Une casserole d'eau bouillante

INSTRUCTIONS:

Préchauffer le four à 350 degrés.

Battre les œufs et les jaunes dans le bol à mélanger avec un fouet métallique; incorporer progressivement le sucre. Lorsque le mélange est léger et mousseux, incorporez le lait chaud en un filet très fin. (Incorporer l'extrait de vanille si utilisé.) Passer au tamis fin dans un moule caramélisé. Mettre dans une casserole d'eau bouillante et cuire au tiers inférieur du four préchauffé. Pour garantir une crème anglaise onctueuse, réglez la chaleur afin que l'eau dans la casserole ne mijote jamais complètement. La crème anglaise est cuite en 40 minutes environ, ou lorsqu'un couteau plongé au centre en ressort propre.

Pour servir chaud, laissez reposer 10 minutes dans une casserole d'eau froide. Retournez un plat de service chaud sur la crème anglaise, puis inversez les deux pour démouler la crème anglaise.

Pour servir froid, laisser refroidir à température ambiante ; laisser refroidir plusieurs heures, puis démouler.

89. Soufflé Flamboyant / Crème Anglaise

INGRÉDIENTS :
- Le zeste râpé de 2 oranges
- ⅔ tasse de sucre granulé
- Un bol à mélanger
- 6 jaunes d'œufs
- Un bol ou une casserole en inox
- ¼ tasse de rhum brun ou de jus d'orange
- Un fouet en fil de fer
- Un batteur électrique

INSTRUCTIONS :
a) Préchauffer le four à 375 degrés.
b) Écrasez le zeste d'orange et le sucre dans un bol avec une cuillère en bois, pour extraire le plus d'huile d'orange possible. Mettez les jaunes d'œufs dans le bol ou la casserole.
c) Incorporez progressivement le sucre orange et continuez à battre jusqu'à ce que les jaunes d'œufs soient jaune pâle et épaississent.
d) Incorporer le rhum ou le jus d'orange, puis verser sur de l'eau à peine frémissante et battre avec un fouet (2 coups par seconde) jusqu'à ce que le mélange se transforme en une crème tiède et épaisse. Cela prendra 3 ou 4 minutes et le mélange sera suffisamment épais pour former un ruban qui se dissoudra lentement lorsqu'un morceau tombera du batteur et retombe sur la surface.
e) Retirer du feu et battre au batteur électrique pendant 4 à 5 minutes jusqu'à ce qu'il soit froid et épais.

90. Charlotte Malakoff Au Chocolat

INGRÉDIENTS:
BISCUITS À LA CUILLER (Pour 24 à 30 boudoirs)
- 2 grandes plaques à pâtisserie (18 x 24 pouces)
- 1 cuillère à soupe de beurre ramolli
- Farine
- Une poche à douille avec un tube rond ouvrant $\frac{3}{8}$ de pouce de diamètre, ou une grande cuillère de cuisine
- 1$\frac{1}{2}$ tasse de sucre en poudre dans un tamis
- Un bol à mélanger de 3 litres
- $\frac{1}{2}$ tasse de sucre cristallisé
- 3 jaunes d'œufs
- 1 cuillère à café d'extrait de vanille
- 3 blancs d'œufs
- Pincée de sel
- $\frac{1}{8}$ cuillère à café de crème de tartre
- 1 cuillère à soupe de sucre cristallisé
- $\frac{2}{3}$ tasse de farine à gâteau blanchie nature

GARNIR LE MOULE À DESSERT AVEC DES DOIGTS DE VOYAGE
- Un moule cylindrique de 2 pintes, 4 pouces de hauteur, si possible, et 7 pouces de diamètre
- Papier ciré
- $\frac{1}{3}$ tasse de liqueur d'orange
- $\frac{2}{3}$ tasse d'eau
- 24 doigts de dame, 4 pouces de long et environ 2 pouces de large

LA CRÈME D'AMANDE
- Un bol à mélanger de 4 litres
- $\frac{1}{2}$ livre. beurre ramolli non salé
- 1 tasse de sucre granulé ultrafin instantané
- $\frac{1}{4}$ tasse de liqueur d'orange

- ⅔ tasse de morceaux de chocolat mi-sucré fondus avec ¼ tasse de café fort
- ¼ cuillère à café d'extrait d'amande
- 1⅓ tasse d'amandes en poudre (amandes blanchies moulues au mixeur ou passées au hachoir à viande avec un peu de sucre instantané)
- 2 tasses de crème épaisse, réfrigérée
- Un bol réfrigéré et un batteur

INSTRUCTIONS:

Préchauffer le four à 300 degrés.

Préparez les plaques à pâtisserie en frottant légèrement avec du beurre, en saupoudrant de farine et en éliminant l'excès de farine. Assemblez la poche à douille, si vous en utilisez une ; préparez le sucre en poudre et mesurez le reste des ingrédients indiqués.

Dans le bol, incorporez progressivement le sucre aux jaunes d'œufs, ajoutez la vanille et continuez à battre pendant plusieurs minutes jusqu'à ce que le mélange soit épais, jaune pâle et forme le ruban. Dans un autre bol, battre les blancs d'œufs jusqu'à ce qu'ils soient mousseux, incorporer le sel et la crème de tartre et continuer de battre jusqu'à formation de pics mous. Saupoudrer d'une cuillère à soupe de sucre cristallisé et battre jusqu'à formation de pics fermes.

Versez un quart des blancs d'œufs sur les jaunes d'œufs et le sucre, tamisez un quart de la farine et incorporez délicatement jusqu'à ce que le mélange soit partiellement mélangé. Ajoutez ensuite un tiers des blancs d'œufs restants ; tamiser un tiers de la farine restante, incorporer jusqu'à ce que le mélange soit à nouveau partiellement mélangé. Répétez avec la moitié, puis avec le dernier de chacun. N'essayez pas de mélanger trop soigneusement ; la pâte doit rester légère et gonflée.

Soit avec la poche à douille, soit avec une grande cuillère de cuisine, tracez des lignes régulières de pâte de 4 pouces de long, 1½ pouce de large, espacées de 1 pouce sur les feuilles de pâtisserie. Saupoudrer d'une couche de 1/16 de pouce de sucre en poudre. Cuire immédiatement au tiers moyen et supérieur du four pendant environ 20 minutes. Les boudoirs sont cuits lorsqu'ils sont brun très pâle sous l'enrobage de sucre. Ils doivent être légèrement croustillants à l'extérieur, tendres mais secs à l'intérieur. Retirer des plaques à pâtisserie avec une spatule; Laisser refroidir sur des grilles à gâteaux.

Tapisser le fond du moule sec avec un rond de papier ciré. Versez la liqueur et l'eau dans une assiette creuse. Un à un, plongez les boudoirs dans le liquide pendant une seconde, puis égouttez-les sur une grille à gâteau. Disposez une rangée de boudoirs verticaux à l'intérieur du moule, pressés étroitement l'un contre l'autre, leurs côtés incurvés contre le moule. Réservez les boudoirs trempés restants.

Battre le beurre et le sucre ensemble pendant plusieurs minutes, jusqu'à ce qu'ils soient pâles et mousseux. Incorporer la liqueur d'orange, le chocolat fondu et l'extrait d'amande ; continuez à battre pendant plusieurs minutes jusqu'à ce que le sucre n'ait plus de texture granuleuse. Incorporer les amandes. Fouettez la crème glacée dans un bol réfrigéré avec un batteur réfrigéré jusqu'à ce que le batteur laisse de légères traces sur la crème. Ne fouettez pas plus que cela, sinon la crème risque de ne pas refroidir facilement. Incorporez la crème au mélange chocolat-amande. Versez un tiers du mélange dans le moule tapissé, disposez dessus une couche de boudoirs, et continuez par des couches de crème chocolat-amande et de boudoirs, en terminant par des boudoirs s'il en reste. Coupez tous les boudoirs qui dépassent au-dessus du bord du moule et pressez les morceaux sur le dessus de la crème. Couvrez le moule de papier ciré, placez une soucoupe sur le papier et placez un poids dessus (un verre de 2 tasses d'eau, par exemple). Réfrigérer pendant 6 heures ou toute la nuit ; le beurre doit être bien refroidi pour que le dessert ne s'effondre pas une fois démoulé. (Le dessert se conserve plusieurs jours au réfrigérateur ou peut être congelé.)

DÉMOULAGE ET SERVICE

Pour servir, retirez le papier ciré du dessus, passez un couteau autour du bord intérieur du moule, en poussant doucement pour déloger le dessert. Retournez un plat de service réfrigéré sur le moule et inversez les deux, en donnant une forte secousse vers le bas pour que le dessert tombe sur le plat. Décorez le dessus de la charlotte avec du chocolat râpé. Réfrigérer s'il n'est pas servi immédiatement.

91. Poires Au Gratin / Poires Au Four Au Vin

INGRÉDIENTS:

Un plat allant au four de 2 pouces de haut et 8 pouces de diamètre
1 cuillère à soupe de beurre ramolli
3 à 4 poires fermes et mûres
⅓ tasse de confiture d'abricots
¼ tasse de vermouth blanc sec
2 à 3 macarons rassis
2 cuillères à soupe de beurre coupé en points

INSTRUCTIONS:

Badigeonner le plat allant au four de beurre. Épluchez, coupez en quartiers et épépinez les poires; couper en tranches dans le sens de la longueur d'environ ⅜ pouce d'épaisseur et disposer dans le plat. Passer la confiture d'abricots au tamis dans un bol ; mélanger avec le vermouth et verser sur les poires. Émietter les macarons partout et garnir de points de beurre. Placer à feu moyen dans un four préchauffé et cuire au four pendant 20 à 25 minutes, jusqu'à ce que le dessus soit légèrement doré. Servir chaud, tiède ou froid et accompagner, si vous le souhaitez, d'un pichet de crème épaisse.

92. Timbale Aux Épinards / Crème Moulée Aux Épinards

INGRÉDIENTS :
- ½ tasse d'oignons émincés
- 2 cuillères à soupe de beurre
- Une casserole à couvercle en acier inoxydable ou émaillée (les épinards auront un goût métallique s'ils sont cuits dans des casseroles en métal ordinaire)
- 2½ à 3 livres. épinards frais parés et blanchis 3 minutes dans l'eau bouillante ; ou 2 paquets (10 onces chacun) d'épinards en feuilles surgelés décongelés dans l'eau froide
- Un couteau en inox pour hacher les épinards
- ¼ cuillère à café de sel
- Pincez chacun du poivre et de la muscade

AJOUTER DES INS
- 1 tasse de lait
- 5 œufs
- 2 cuillères à soupe de beurre
- Un bol à mélanger
- ⅔ tasse de chapelure blanche rassis
- ½ tasse de fromage suisse râpé
- Sel et poivre
- Un cercle ou un plat à soufflé de 6 tasses, ou 4 ramequins d'1½ tasse

INSTRUCTIONS :
a) Faites revenir les oignons lentement dans le beurre. Pendant ce temps, pressez les épinards, une petite poignée à la fois, pour éliminer le plus d'eau possible. Coupez-le en fine purée. Lorsque les oignons sont tendres, incorporez les épinards ainsi que le sel, le poivre et la muscade.

b) Couvrir la poêle et cuire très lentement, en remuant de temps en temps pour éviter de coller, jusqu'à ce que les épinards soient tendres (environ 5 minutes).
c) Lorsque les épinards sont cuits, incorporez le beurre supplémentaire et le lait. Battez les œufs dans un bol à mélanger, puis incorporez-y progressivement le mélange d'épinards tiède. Incorporer la chapelure et le fromage et rectifier l'assaisonnement. Verser dans le moule préparé.

CUISSON ET SERVICE

d) Une casserole contenant environ $1\frac{1}{2}$ pouces d'eau bouillante
e) Facultatif : sauce à la crème, sauce au fromage légère ou hollandaise (voir cette page)
f) Préchauffer le four à 325 degrés.
g) Placez le moule dans une casserole d'eau bouillante (l'eau doit atteindre $\frac{1}{2}$ à ⅔ de la hauteur du moule) et placez-le dans le tiers inférieur du four. Enfourner 30 à 40 minutes selon la forme du moule, jusqu'à ce qu'un couteau plongé au centre de la crème anglaise en ressorte propre. Laisser reposer 5 minutes avant de démouler, ou réserver au chaud dans une casserole d'eau dans un four à 150 degrés.
h) Pour démouler, passez un couteau sur le pourtour de la crème anglaise ; retournez un plat de service chaud sur le moule, inversez les deux et la crème anglaise tombera sur le plat.
i) Décollez le papier ciré du dessus. Aucune sauce n'est nécessaire si la timbale doit remplacer un légume ; s'il s'agit d'un premier ou d'un plat principal, versez dessus une sauce à la crème, une sauce au fromage légère ou une sauce hollandaise.

93. Timbale Au Jambon / Crème De Jambon Moulé

INGRÉDIENTS:

1½ tasse de nouilles bouillies
¾ tasse de champignons préalablement sautés au beurre
⅔ tasse de jambon bouilli
½ tasse d'oignons préalablement sautés au beurre
Sel et poivre
1 tasse de sauce à la crème épaisse
½ tasse de fromage suisse râpé
3 jaunes d'œufs
1 To de concentré de tomate
¼ tasse de persil émincé
3 blancs d'œufs battus en neige ferme
Un moule à cercle, un plat à soufflé ou un moule à pain de 6 tasses, ou 4 ramequins d'une capacité de 1½ tasse

INSTRUCTIONS:

Préchauffer le four à 325 degrés.

Passez les nouilles, les champignons, le jambon et les oignons dans la lame moyenne d'un moulin ou d'un hachoir. Battez le mélange dans un bol avec les assaisonnements, la sauce à la crème, le fromage, les jaunes d'œufs, le concentré de tomate et le persil. Incorporez les blancs d'œufs battus et versez-les dans des moules ou des ramequins préparés. Mettre dans une casserole d'eau bouillante et enfourner environ 30 minutes selon la forme du moule (un moule rond cuit plus vite qu'un plat à soufflé). La timbale est cuite lorsque le mélange a levé environ ½ pouce et est bien doré sur le dessus. Il coulera légèrement en refroidissant, mais peut être conservé au chaud une bonne demi-heure avant de servir. Démouler sur un plat de service chaud.

SAUCE ET GARNITURE

Si vous avez utilisé un moule en forme de cercle, vous pouvez remplir la timbale de légumes verts cuits ; sinon vous pourriez l'entourer des légumes. De la sauce tomate, une sauce à la crème mélangée à des herbes ou une cuillerée de concentré de tomate, ou une sauce au fromage légère conviendrait bien, versée sur la timbale.

94. Biscuit au Chocolat / Gâteau éponge au chocolat

INGRÉDIENTS :
- 1 cuillère à soupe de beurre ramolli
- Farine
- Un moule à gâteau rond d'une seule pièce de 8 pouces de diamètre et 1½ pouce de profondeur
- ⅔ à 1 tasse (4 à 6 onces) de morceaux de chocolat mi-sucré (moins de quantité donne un gâteau plus léger)
- 1 grande cuillère à soupe de café instantané dissoute dans 2 cuillères à soupe d'eau bouillante

LA PÂTE À GÂTEAU
- 3 œufs (classés « gros » aux États-Unis)
- Un grand bol à mélanger
- ½ tasse de sucre cristallisé
- ⅔ tasse de farine à gâteau (tamiser directement dans des tasses, niveler avec un couteau et remettre la farine dans le tamis)
- 3½ cuillères à soupe de beurre non salé ramolli

INSTRUCTIONS :
a) Préchauffer le four à 350 degrés.
b) Beurrer légèrement l'intérieur du moule à gâteau, rouler la farine à l'intérieur pour couvrir complètement la surface et éliminer l'excédent de farine. Faire fondre le chocolat avec le café, puis laisser tiédir.
c) Pour les blancs d'œufs : une pincée de sel, ⅛ cuillère à café de crème de tartre et 1 cuillère à soupe de sucre semoule
d) Un batteur électrique avec grand et petit bol et, si possible, des pales supplémentaires (ou 2 bols et 2 grands fouets) ; spatules en caoutchouc
e) Séparez les œufs en plaçant les jaunes dans le grand bol et les blancs dans un autre bol (ou petit bol du mixeur).

Mesurez la farine à gâteau et écrasez le beurre pour le ramollir.

f) Soit avec votre mixeur, soit avec un grand fouet, incorporez progressivement le sucre aux jaunes d'œufs et continuez de battre plusieurs minutes jusqu'à ce que le mélange soit épais et de couleur citron. Si vous utilisez un mixeur, incorporez le chocolat fondu tiède, puis le beurre ; sinon, incorporez progressivement le beurre au chocolat jusqu'à consistance lisse, puis incorporez les jaunes et le sucre.

g) Avec des batteurs secs et propres ou un grand fouet, battre les blancs d'œufs jusqu'à ce qu'ils soient mousseux, puis incorporer le sel et la crème de tartre. Continuez à battre jusqu'à ce que des pics mous se forment; saupoudrer de sucre et battre jusqu'à formation de pics fermes.

h) À l'aide d'une spatule en caoutchouc, incorporer $\frac{1}{4}$ des blancs d'œufs au mélange chocolat et jaune d'œuf ; une fois partiellement mélangé, tamiser $\frac{1}{4}$ de la farine à gâteau. Incorporer rapidement et délicatement avec une spatule en caoutchouc ; une fois partiellement mélangé, commencez à incorporer $\frac{1}{3}$ des blancs d'œufs restants. Lorsque le tout est partiellement mélangé, tamisez $\frac{1}{3}$ de la farine restante et continuez ainsi en alternant avec la farine et les blancs d'œufs, en pliant rapidement jusqu'à ce que tout soit incorporé.

PÂTISSERIE

i) Verser dans le moule à gâteau préparé ; inclinez la poêle pour faire couler la pâte jusqu'en haut tout autour. Placer immédiatement au niveau moyen du four préchauffé et cuire au four environ 30 minutes.

j) Le gâteau dépassera légèrement du bord du moule et le dessus se fissurera. C'est fait lorsqu'une aiguille ou une fourchette, plongée au centre du gâteau, en ressort propre ; une très légère ligne de retrait apparaîtra également entre le bord du gâteau et le moule. Sortir du four et laisser refroidir 5 minutes, puis démouler sur une grille à gâteau.

k) Si le gâteau n'est pas glacé lorsqu'il est froid, enveloppez-le hermétiquement et réfrigérez ou congelez.

95. Crème au Beurre à l'Anglaise / Custard Butter Cream

INGRÉDIENTS:
- Un bol à mélanger de 2½ litres
- 4 jaunes d'œufs
- ⅔ tasse de sucre granulé
- ½ tasse de lait chaud
- ½ livre. beurre ramolli non salé
- Choix d'arômes : 3 cuillères à soupe de rhum, kirsch, liqueur d'orange ou café fort ; ou 1 cuillère à soupe d'extrait de vanille ; ou ⅓ tasse (2 onces) de morceaux de chocolat mi-sucré, fondus

GLAÇAGE AU CHOCOLAT
- 1 tasse (6 onces) de morceaux de chocolat mi-sucré
- ¼ tasse de café

INSTRUCTIONS:
a) Placer les jaunes d'œufs dans le bol à mélanger; incorporer progressivement le sucre et continuer à battre jusqu'à ce que le mélange soit épais et de couleur citron. Incorporez ensuite progressivement le lait.

b) Versez dans une casserole propre et remuez avec une cuillère en bois à feu moyen-doux jusqu'à ce que le mélange épaississe lentement suffisamment pour enrober la cuillère d'une crème légère. (Faites attention à ne pas surchauffer, sinon les jaunes d'œufs cailleront, mais le mélange doit épaissir.)

c) Mettre la casserole dans l'eau froide et remuer jusqu'à ce qu'elle soit tiède; rincer le bol à mélanger et y remettre la crème anglaise. Ensuite, à l'aide d'un fouet ou d'un batteur électrique, incorporez progressivement le beurre ramolli par cuillerées à soupe. Incorporer l'arôme.

d) Si la crème semble granuleuse, ajoutez plus de beurre par cuillerées. Refroidissez ou remuez sur de la glace pilée, si nécessaire ; la crème doit être lisse, épaisse et homogène. (Les restes de crème au beurre peuvent être congelés.)

REMPLIR ET GLACER LE GÂTEAU

e) Lorsque le gâteau est bien froid, enlevez les miettes de la surface. Laissez le gâteau à l'envers, car vous voulez que les côtés soient légèrement inclinés vers l'intérieur. Coupez un petit coin vertical sur le bord du gâteau; cela vous guidera dans sa reformation. Coupez ensuite le gâteau en deux horizontalement. Étalez une couche de $\frac{1}{4}$ de pouce de crème au beurre sur la moitié inférieure (anciennement la moitié supérieure); remplacez la seconde moitié en alignant les deux moitiés avec le coin. Étalez le glaçage sur le dessus et les côtés du gâteau, en lissant avec une spatule trempée dans l'eau chaude et en gardant les côtés légèrement inclinés vers l'intérieur. Réfrigérer jusqu'à ce que le glaçage soit ferme.

GLAÇAGE AU CHOCOLAT

f) Faire fondre les morceaux de chocolat avec le café et laisser tiédir.

g) Placez le gâteau refroidi sur une grille au-dessus d'un plateau et versez tout le chocolat sur le dessus en le laissant retomber sur les côtés qui, s'ils sont bien lissés et légèrement inclinés, devraient parfaitement prendre l'enrobage de chocolat.

h) Lorsque le glaçage est pris, transférez le gâteau dans une assiette de service. (Le gâteau doit être conservé au réfrigérateur.)

96. Tarte Aux Pommes / Tarte Aux Pommes Française

INGRÉDIENTS :

- Un fond de pâte partiellement cuit de 8 pouces posé sur une plaque à pâtisserie beurrée
- 3 à 4 tasses de compote de pommes épaisse et sans saveur
- $\frac{1}{2}$ à $\frac{2}{3}$ tasse de sucre granulé
- 3 cuillères à soupe d'eau-de-vie de pomme, de cognac ou de rhum, ou 1 cuillère à soupe d'extrait de vanille
- Le zeste râpé d'1 citron
- 2 cuillères à soupe de beurre
- 2 à 3 pommes, pelées et coupées en tranches de $\frac{1}{8}$ de pouce dans le sens de la longueur
- $\frac{1}{2}$ tasse de confiture d'abricots, filtrée et bouillie à 228 degrés avec 2 cuillères à soupe de sucre

INSTRUCTIONS :

Préchauffer le four à 375 degrés.

Incorporer $\frac{1}{2}$ à $\frac{2}{3}$ tasse de sucre à la compote de pommes, ajouter la liqueur ou la vanille et le zeste de citron. Faire bouillir en remuant fréquemment jusqu'à ce que la sauce soit suffisamment épaisse pour tenir en masse dans la cuillère. Incorporez le beurre et transformez la compote de pommes en un fond de tarte en le remplissant presque à ras bord. Disposez sur le dessus les tranches de pommes crues qui se chevauchent étroitement en cercles concentriques. Cuire 30 minutes dans un four préchauffé. Démouler la tarte sur une assiette de service ; peindre le dessus et les côtés avec de la confiture d'abricots tiède. Servir chaud, tiède ou froid accompagné, si vous le souhaitez, de crème légèrement chantilly.

97. Biscuit Roulé à l'Orange Et Aux Amandes

INGRÉDIENTS:
PRÉLIMINAIRES

- 3 cuillères à soupe de beurre
- Un moule à gelée ou à gâteau de 11 pouces de diamètre, 17 pouces de long et 1 pouce de profondeur
- Farine
- ⅔ tasse de sucre granulé
- 3 oeufs
- Le zeste d'1 orange (râpez-le dans le bol contenant les jaunes)
- ⅓ tasse de jus d'orange filtré
- ¾ tasse d'amandes blanchies pulvérisées (broyez-les dans un mixeur électrique ou passez-les au hachoir à viande avec une partie de ⅔ tasse de sucre cristallisé)
- ¼ cuillère à café d'extrait d'amande
- ¾ tasse de farine à gâteau blanchie nature tamisée (placez les tasses à mesurer sèches sur du papier ciré, tamisez la farine directement dans les tasses et balayez le trop-plein avec un couteau à lame droite)
- Un peu ¼ cuillère à café de crème de tartre
- Pincée de sel
- 1 cuillère à soupe de sucre cristallisé
- 1½ cuillère à soupe de beurre fondu tiède
- Sucre en poudre dans un tamis

INSTRUCTIONS:

Préchauffer le four à 375 degrés et placer la grille au niveau intermédiaire. Faire fondre le beurre et laisser tiédir : une partie pour le moule, une partie pour le gâteau. Peignez l'intérieur du moule à gâteau avec du beurre fondu et tapissez-le d'un morceau de papier ciré de 12 x 21 pouces, en laissant les extrémités dépasser des bords du moule.

Beurrez le papier, roulez de la farine dessus en recouvrant toute la surface intérieure et éliminez l'excédent de farine.

MÉLANGER LA PÂTE À GÂTEAU

À l'aide d'un grand fouet, incorporer progressivement le sucre aux jaunes d'œufs et au zeste d'orange ; battre vigoureusement pendant une minute ou deux jusqu'à ce que le mélange soit épais et jaune pâle. Incorporer le jus d'orange, puis les amandes, l'extrait d'amande et la farine.

Battre les blancs d'œufs un instant à vitesse modérée ; quand ils commencent à mousser, ajoutez la crème de tartre et le sel. Battre à vitesse maximale jusqu'à ce que les blancs d'œufs forment des pics mous, saupoudrer de sucre et battre encore quelques secondes jusqu'à ce que les blancs d'œufs forment des pics fermes lorsqu'ils sont soulevés avec une cuillère ou une spatule.

Versez les blancs d'œufs sur le mélange de jaunes. Incorporer rapidement et délicatement à l'aide d'une spatule en caoutchouc ; une fois presque mélangé, incorporez rapidement le beurre tiède $\frac{1}{2}$ cuillère à soupe à la fois.

Versez immédiatement la pâte dans le moule préparé, en lissant sur toute la surface. Frappez brièvement le moule sur la table, pour uniformiser le mélange, et placez-le au niveau moyen du four préchauffé.

PÂTISSERIE

Cuire au four environ 10 minutes. Le gâteau est cuit lorsqu'il commence à peine à colorer, lorsque le dessus est légèrement élastique ou spongieux si on le presse avec les doigts, et lorsque la moindre ligne de séparation apparaît entre le gâteau et les côtés du moule. Ne pas trop cuire, sinon le gâteau se brisera une fois roulé ; il doit être doux et spongieux.

REFROIDISSEMENT ET DÉMOULAGE

Retirer du four et saupoudrer le dessus du gâteau d'une couche de 1/16 de pouce de sucre en poudre. Couvrir d'une feuille de papier ciré. Rincez une serviette à l'eau froide, essorez-la et posez-la sur le papier ciré. Retourner le gâteau et laisser refroidir 20 minutes.

Pour démouler, détachez la doublure en papier à une extrémité du moule. En tenant le papier à plat sur la table, soulevez progressivement le moule, en commençant par l'extrémité du papier libre. Détachez délicatement le papier des côtés longs du gâteau, puis décollez-le du dessus. Couper les bords bruns tout autour du gâteau ; ils se fissureront une fois roulés. Le gâteau est maintenant prêt à être garni, ce qui doit être fait immédiatement.

98. Farce Aux Fraises Cio-Cio-San

INGRÉDIENTS :

- 4 tasses de fraises fraîches tranchées et environ $\frac{1}{2}$ tasse de sucre ; ou 3 paquets de dix onces de fraises tranchées surgelées, décongelées et égouttées
- 2 To de vermouth blanc sec
- 2 cuillères à soupe de cognac, de liqueur d'orange ou de kirsch
- 2 paquets (2 To) de gélatine en poudre sans saveur
- $\frac{2}{3}$ tasse d'amandes tranchées
- $\frac{1}{2}$ tasse de kumquats conservés au sirop, épépinés et coupés en dés
- Suggestions déco : sucre en poudre, amandes effilées et kumquats, ou sucre en poudre et fraises entières

INSTRUCTIONS :

Si vous utilisez des fraises fraîches, mélangez-les dans un bol avec le sucre et laissez reposer 20 minutes. Mettez le vin et la liqueur dans une petite casserole, ajoutez $\frac{1}{4}$ tasse de jus de fraise et saupoudrez de gélatine. Laisser ramollir quelques minutes, puis remuer sur feu pour dissoudre complètement la gélatine. Incorporer les fraises, les amandes et les dés de kumquats. Refroidissez ou remuez sur de la glace jusqu'à épaississement, puis étalez sur le gâteau.

Roulez le gâteau soit par le côté court, soit par le côté long, selon que vous préférez un rouleau long ou gras ; utilisez la couche inférieure de papier ciré pour vous aider lorsque vous retournez le gâteau sur lui-même.

Transférer le gâteau sur un plateau de service ou un plat; couvrir de papier ciré et réfrigérer s'il n'est pas servi assez tôt. Juste avant de servir, saupoudrez de sucre en poudre (du papier ciré glissé sous les côtés et les extrémités gardera le plateau de service bien rangé) et décorez d'amandes et de kumquats ou de fraises. Accompagnez, si vous le souhaitez, de davantage de fraises et de chantilly sucrée.

99. Meringue Italienne

INGRÉDIENTS:
- 3 blancs d'œufs
- Un batteur électrique
- Pincée de sel
- Un peu ¼ cuillère à café de crème de tartre
- 1⅓ tasse de sucre cristallisé
- ⅓ tasse d'eau
- Une petite casserole épaisse

INSTRUCTIONS:

a) Pour cela, les blancs d'œufs doivent être battus et le sirop de sucre cuit à peu près en même temps ; Travaillez-les ensemble si vous le pouvez. Vous aurez besoin d'un batteur électrique pour les blancs d'œufs ; si vous disposez d'un batteur à deux bols, battez les blancs dans le petit bol, et transférez-les dans le grand bol lorsque vous ajoutez le sirop de sucre.

b) Battez les blancs d'œufs à vitesse modérée pendant un moment jusqu'à ce qu'ils commencent à mousser ; ajoutez le sel et la crème de tartre et battez à vitesse rapide jusqu'à ce que les blancs d'œufs forment des pics fermes lorsqu'ils sont soulevés dans une cuillère ou une spatule.

c) Mettez le sucre et l'eau dans une casserole et faites chauffer à feu vif. Faites tourner la casserole (ne remuez pas) doucement jusqu'à ce que le sucre soit complètement dissous et que le liquide soit parfaitement clair. Couvrir la casserole et faire bouillir rapidement, sans remuer, pendant un instant ou deux : la vapeur de condensation tombe du couvercle, arrosant les parois de la casserole et empêchant la formation de cristaux. Découvrez la casserole lorsque les bulles commencent à

s'épaissir et faites bouillir rapidement jusqu'au stade de balle molle, 238 degrés.
d) En battant les blancs d'œufs à vitesse moyennement lente, versez le sirop de sucre en un mince filet. Continuez à battre à grande vitesse pendant au moins 5 minutes, jusqu'à ce que le mélange soit refroidi. Il sera satiné et formera des pics rigides lorsqu'il sera soulevé avec une cuillère ou une spatule.

100. Crème au Beurre à la Meringue / Meringue Butter Cream

INGRÉDIENTS :

- 2 tasses (12 onces) de morceaux de chocolat mi-sucré fondus avec 3 cuillères à soupe de café fort ou de rhum
- 1 cuillère à soupe d'extrait de vanille
- ½ livre. (2 bâtonnets) de beurre ramolli non salé

INSTRUCTIONS :

a) Battez le chocolat fondu et la vanille dans le mélange de meringue frais. Incorporer progressivement le beurre. Refroidissez la crème au beurre jusqu'à ce qu'elle ait une consistance facile à étaler. (Les restes de crème au beurre peuvent être congelés.)

REMPLISSAGE ET GLAÇAGE DE LA BÛCHE

b) Étalez la moitié de la garniture sur la feuille de génoise et roulez-la en commençant par l'une des extrémités les plus courtes. (Emballez et réfrigérez si vous n'êtes pas encore prêt à le glacer.)

c) Au moment de givrer, coupez les deux extrémités en biais, pour donner l'apparence d'une bûche sciée. Pour les branches, percez des trous d'environ ½ pouce de profondeur dans la surface du gâteau ; insérez des longueurs de 2 pouces à partir des extrémités coupées. (Ne faites pas de branches trop longues, sinon elles ne supporteront pas le glaçage.) Transférez le gâteau sur un plateau de service ou un plat rectangulaire. Insérez des bandes de papier ciré sous les côtés et les extrémités du gâteau pour empêcher le glaçage de votre plateau de service ; retirer après le glaçage. Ensuite, à l'aide d'une petite spatule ou d'une poche à douille munie d'un tube en ruban, recouvrez le dessus et les côtés du gâteau en laissant les deux extrémités non givrées. Écumez le glaçage avec une fourchette ou une spatule pour donner un effet d'écorce. Réfrigérer pour prendre le glaçage.

CHAMPIGNONS MERINGUES

d) Préchauffer le four à 200 degrés.

e) Beurrez légèrement une petite plaque à pâtisserie, roulez de la farine sur la surface et enlevez l'excédent. Forcez le mélange de meringue réservé dans un tube à pâtisserie avec une ouverture de tube de 3/16 de pouce ou déposez le bout d'une cuillère à café sur la plaque à pâtisserie, en formant des dômes de $\frac{1}{2}$ pouce pour les chapeaux de champignons et des cônes pointus pour les tiges. Vous devriez en avoir 10 ou 12 de chaque. Cuire au four pendant 40 à 60 minutes, jusqu'à ce que vous entendiez les meringues crépiter doucement. Ils sont cuits lorsqu'ils sont secs et se détachent facilement de la plaque à pâtisserie. Pour assembler, percez un trou au fond de chaque bouchon, remplissez de crème au beurre et insérez la tige.

MOUSSE À SUCRE FILÉ

f) Disposez un manche à balai huilé entre deux chaises et étalez de nombreux journaux sur le sol. Faites bouillir $\frac{1}{2}$ tasse de sucre et 3 cuillères à soupe d'eau, en suivant les instructions pour la meringue italienne, jusqu'à ce que le sucre prenne une légère couleur caramel. Laissez le sirop refroidir quelques secondes jusqu'à ce qu'il épaississe légèrement, puis plongez une fourchette dans le sirop et passez la fourchette sur le manche à balai ; le sirop formera des fils sur la poignée.

DÉCORATIONS FINALES

g) Pressez des grappes de champignons dans la bûche là où vous pensez que les champignons devraient pousser et saupoudrez d'une légère couche de cacao secoué à travers un tamis. Saupoudrez un peu de sucre en poudre sur la bûche, pour donner un effet neigeux.

h) Décorez avec du houx ou des feuilles, si vous le souhaitez, et drapez de la mousse de sucre filé aux endroits stratégiques. (Les décorations finales se font juste avant de servir, car la bûche doit être au réfrigérateur jusqu'au dernier moment.)

CONCLUSION

En conclusion, la pâtisserie française offre une délicieuse fusion de talent artistique et de saveur qui captive les sens et ravit le palais. De l'humble baguette au mille-feuille élaboré, chaque pâtisserie raconte une histoire de traditions séculaires et une passion pour l'artisanat. En maîtrisant les techniques et en adoptant l'esprit de la pâtisserie française, vous pourrez apporter une touche d'élégance et de gourmandise à votre cuisine, créant ainsi des moments inoubliables pour vous et vos proches. Alors, rassemblez vos ingrédients, préchauffez votre four et lancez-vous dans une aventure culinaire qui célèbre le charme intemporel de la pâtisserie française. Bon appétit!

www.ingramcontent.com/pod-product-compliance
Lightning Source LLC
Chambersburg PA
CBHW071302110526
44591CB00010B/750